Kochen

für Babys und Kleinkinder

Kochen

für Babys und Kleinkinder

garant

Inhalt

Vorwort

Liebe geht durch den Magen – so ein altes Sprichwort. Das wissen frischgebackene Eltern am besten. Oder gibt es für Sie einen schöneren Moment, als mit Ihrem kleinen Schatz das erste Mal gemeinsam am Tisch zu sitzen und als Familie Abendbrot zu essen? Gemeinsame Mahlzeiten sind ein wichtiges Ritual. Schließlich kommen Studien nicht nur zu dem Schluss, dass das Essen besser schmeckt, wenn man es gemeinsam mit geliebten Menschen zu sich nimmt, sondern es ist auch gesünder, wenn gemeinsam, gemütlich und ausgewogen gegessen wird. Die Gesundheit ihrer Kinder liegt jungen Eltern besonders am Herzen – und diese steht in engem Zusammenhang mit der Ernährung. Schließlich wollen unsere Kinder „groß und stark" werden. Aus diesen Gründen finden Sie auf den folgenden Seiten für jedes Baby- und Kleinkindalter passende Rezepte, die bei Ihrem Nachwuchs garantiert gut ankommen werden. Darüber hinaus erfahren Sie alles, was Sie in puncto Baby- und Kleinkindernährung wissen müssen. So können Sie und Ihr Kind das Kochen und Essen in vollen Zügen genießen. Viel Spaß beim Lesen und Ausprobieren!

Ernährung in der Schwangerschaft

Jeder wünscht sich, dass das eigene Kind gesund und glücklich heranwächst. Die Ernährung spielt hierbei eine wichtige Rolle. Und zwar nicht erst, wenn der neue Erdenbürger das Licht der Welt erblickt hat. Eine gesunde Kindesernährung beginnt viel früher. Schon im Mutterleib wird über die Ernährung der Grundstein für Gesundheit und Wohlbefinden des Kindes – und eine bewusste Familienernährung – gelegt. Wer (spätestens) ab der Schwangerschaft mit einer ausgewogenen und gesunden Ernährung beginnt, wird es später leichter haben, seinem Kind ein gesundes Essverhalten vorzuleben und es ihm mit auf den Weg zu geben.

Alles geteilt: Essen für zwei!

Die Ernährung in der Schwangerschaft ist deshalb ein so wichtiges Thema, weil alles, was die Mutter zu sich nimmt, über das Blut das ungeborene Kind erreicht. Zwar gibt es die sogenannte Plazentaschranke, also eine kleine Membran, die das Ungeborene gegen das Eindringen von Viren, Giften und anderen schädlichen Substanzen schützen soll, doch ist inzwischen bekannt, dass diese Barriere keinen allumfassenden Schutz bietet. Die meisten der über die Nahrung aufgenommenen – auch schädlichen – Substanzen gelangen dennoch vom mütterlichen Blutkreislauf in den des Kindes. Aus diesem Grund sollten werdende Mütter nicht nur darauf achten, keine schädlichen Stoffe (z. B. Alkohol oder Nikotin) zu sich zu nehmen, sondern die Schwangerschaft auch als Anreiz verstehen, ihrem Kleinen schon jetzt die guten Zutaten eines ausgewogenen Speiseplans zuzuführen. Vitamine, Spurenelemente, Mine-

Es geht auch ohne

Der Verzicht auf gesundheitsschädliche Nahrungsmittel und Getränke in der Schwangerschaft ist ein Muss! Doch selbst zu alkoholischen Getränken gibt es gute Alternativen. Alkoholfreies Bier schmeckt beispielsweise fast genauso gut wie sein alkoholhaltiges Pendant und enthält dabei einen höheren Gehalt an gesunder Folsäure. Auch alkoholfreier Wein ist lecker und zudem reich an Phenolen, die mit ihrer antioxidativen Eigenschaft krankheitsvorbeugend wirken können.

ralien und weitere Nährstoffe machen Ihr Kind von Anfang an stark.

Nicht mehr, sondern besser!

Obwohl es im Volksmund immer wieder heißt, dass schwangere Frauen für zwei essen müssen, warnen Ernährungsexperten und Mediziner davor, diesen Rat allzu wörtlich zu nehmen. Zwar muss die Mutter ihr Ungeborenes über ihre Ernährung mitversorgen, der kalorische Mehrbedarf, der für die Mutter dadurch entsteht, entspricht aber keinesfalls dem einer zweiten erwachsenen Person. Tatsächlich steigt der Kalorienbedarf einer Schwangeren überhaupt erst merklich ab dem zweiten Trimester (Schwangerschafts-

Gewichtszunahme: Wie viel ist normal?

Die Gewichtszunahme in der Schwangerschaft ist nicht nur dem Gewicht des Ungeborenen geschuldet. Auch die Menge an Blut und Wassereinlagerungen im Körper steigt. Zudem wächst die Plazenta, und auch das Fruchtwasser bringt zusätzliches Gewicht auf die Waage. Die Schwangerschaft ist zwar der falsche Zeitpunkt für eine Schlankheitskur, werdende Mütter sollten die zugelegten Kilos aber dennoch im Auge behalten. Was im Bereich des Normalen liegt, wird anhand des sogenannten Bodymaß-Index (BMI) bestimmt. Errechnet wird er folgendermaßen: Körpergewicht in Kilogramm geteilt durch Körpergröße in Metern zum Quadrat. Für Schwangere gelten dabei folgende Richtlinien:

- **BMI unter 18,5:** Im Rahmen ist eine Zunahme von 12,5 bis 18 Kilo.
- **BMI zwischen 18,5 und 24,9:** Eine Zunahme von 11,5 bis 16 Kilo ist in Ordnung.
- **BMI über 25:** 7 bis 11,5 Kilo liegen im Bereich des Normalen.

monate 4–7) und erhöht sich bis zur Geburt ungefähr auf einen Wert von rund 400 Kalorien pro Tag. Diese Kalorienmenge entspricht etwa zwei belegten Scheiben Vollkornbrot. Wer darüber hinaus mehr Kalorien zu sich nimmt, wird diese nicht verwerten können. Und weder der kindliche noch der mütterliche Körper profitieren von überflüssigen Kalorien. Sogar das Gegenteil ist der Fall. Denn in der Schwangerschaft ist der Körper besonders empfänglich für das Speichern von Energievorräten – schließlich werden diese für die Geburt und die anschließende Zeit gebraucht. Wer nun zu viel isst, nimmt daher schnell und unnötig zu.

Die überschüssigen Kilos bleiben dann nicht nur als störende Schwangerschaftserinnerung erhalten, sondern können bei einer drastischen Gewichtszunahme auch den Körper und damit das Wohlgefühl der Mutter belasten. Mediziner und Ernährungsexperten raten daher dazu, in der Schwangerschaft nicht einfach wahllos mehr, sondern stattdessen bewusster und gesünder zu essen.
Als Merksatz für eine gesunde Ernährung in der Schwangerschaft kann man sich Folgendes einprägen: Nicht der Kalorienbedarf, sondern der Nährstoffbedarf steigt! Denn für das rasante Zellwachstum in der Schwangerschaft werden wichtige Nährstoffe wie beispielsweise Eiweiß, Vitamine und Spurenelemente wie Eisen oder Jod benötigt. Verzichtet werden kann hingegen auf unnötig belastende Stoffe wie zu viel Zucker, ein Übermaß an Fetten oder künstliche Zusatzstoffe.

Was darf ich essen?

Grundsätzlich dürfen Schwangere fast alles essen. Ein strenges Tabu besteht lediglich für schädliche Lebensmittel. So können beispielsweise Alkohol und Nikotin bereits in kleinen Mengen dem Ungeborenen schaden und sollten daher in der Schwangerschaft nicht konsumiert werden.
Des Weiteren gibt es Lebensmittelgruppen, von deren Genuss Schwangeren abgeraten wird, weil sie potenziell schädlich sein können. Diese Lebensmittel sind nicht grundsätzlich schädlich. Sie könnten jedoch von Keimen

oder Bakterien befallen sein, die ungehindert die Plazentaschranke passieren und so auch dem Embryo schaden können. Zwar ist das Risiko, während der Schwangerschaft an einer Lebensmittelinfektion zu erkranken und dabei das Kind zu schädigen, sehr gering (so sind jährlich lediglich 0,003 % der Neugeborenen von Toxoplasmose- und 0,005 % der Neugeborenen von Listerieninfektionen betroffen), doch Mediziner und Ernährungsexperten raten in der Regel dennoch vom Genuss bestimmter Lebensmittel während der Schwangerschaft ab. Hierzu zählen folgende Produktgruppen:

Rohmilchkäse und -produkte

Als Rohmilchprodukte gelten solche Lebensmittel, die aus nicht wärmebehandelter Milch hergestellt wurden. Ob ein Lebensmittel in einem solchen Verfahren erzeugt wurde, muss auf der Packung ausdrücklich ausgewiesen sein. Ist kein entsprechender Hinweis vorhanden, können Sie davon ausgehen, dass es sich um kein Rohmilchprodukt handelt und Sie es während der Schwangerschaft bedenkenlos genießen können. Wenn Sie an einer offenen Käsetheke kaufen, sollten Sie die Verkäufer(innen) unbedingt auf Ihre Schwangerschaft hinweisen. Das Fachpersonal kann Sie dann entsprechend beraten. Als typische Rohmilchprodukte sind vor allem Camembert, sämtliche Blau- und Edelschimmelkäse, Brie, einige Frischkäse, aber auch sonstige Weichkäse bekannt. Die Gefahr für das ungeborene Baby besteht darin, dass diese Produkte Listeriose-Erreger enthalten können. Diese Erreger können beim Kind nach der Geburt zu schweren Krankheiten wie z. B. Lungenentzündung, Hirnhautentzündung oder Blutvergiftung führen. Wer auf Nummer sicher gehen will, greift ausschließlich zu Produkten aus pasteurisierter Frischmilch oder H-Milch. Auch Hartkäse, der ursprünglich aus Rohmilch hergestellt wurde, ist unbedenklich. Denn durch die lange Reifezeit sterben die schädlichen Erreger ab. Das Gleiche gilt auch für Rohmilchprodukte, die in einem Erwärmungsprozess verarbeitet werden. So sind beispielsweise mit Camembert überbackene Gerichte auch für Schwangere bedenkenlos genießbar.

Rohes Fleisch

Roh verzehrtes Fleisch birgt die Gefahr, Toxoplasmose-Erreger zu enthalten, die durch den Verzehr über die Mutter auf das Kind übertragen werden. Eine Infektion kann zu einer Fehlgeburt oder beim Ungeborenen zu schweren Schäden wie z. B. Lungenentzündung, Herzmuskelentzündung oder Gelbsucht führen.
Daher sollten Schwangere sämtliche Gerichte mit rohem oder nicht ganz durchgebratenem Fleisch meiden. Dazu zählen Tatar, Mett, blutiges oder rosafarbenes Steak, Roastbeef oder Carpaccio. Ebenfalls als bedenklich gelten streichfähige Rohwurstsorten wie Tee- oder Mettwurst ebenso wie rohes Pökelfleisch, roher Schinken oder Speck und Kassler. Erst durch längere Reife- und Lagerzeiten (mehr als sechs Monate) sowie durch den Prozess des Erhitzens kann das Auftreten von Toxoplasmose-Erregern ausgeschlossen werden. So sind beispielsweise gekochter Schinken und harte, lange gelagerte Salami ebenso wie Brüh- und Kochwurst (z. B. Wiener Würstchen, Leberkäse oder Leberwurst) auch für eine schwangere Frau unbedenklich genießbar.

Roher Fisch und Meeresfrüchte

Bei rohem Fisch sowie Meeresfrüchten gilt das Gleiche wie bei rohem Fleisch. Nicht gegarter Fisch kann Toxoplasmose-Erreger auf das ungeborene Kind übertragen und ist daher für Schwangere tabu. Ebenso sollten Sie in der Schwangerschaft rohe Austern, Sushi und Graved Lachs

meiden. Auch Matjes sowie Räucherfisch sollten Sie von Ihrem Speiseplan streichen.
Gelagerte oder in Soßen und Aspik eingelegte Fische sind die bessere Alternative. Dazu zählen beispielsweise Heringe in Tomatensoße, in Öl eingelegter Thunfisch oder Ölsardinen. Abgesehen von Kaviar sind ohnehin alle Fische, die in der Dose verkauft werden, unbedenklich zu genießen. Gleiches gilt für in Salz eingelegte Fische und Meeresfrüchte wie z. B. Rollmops oder Sardellen. Auch gegen gegarten Fisch ist nichts einzuwenden. Ganz im Gegenteil: Er enthält einen hohen Anteil an wertvollen Omega-3-Fettsäuren. Diese unterstützen nicht nur die Gehirnentwicklung des Ungeborenen, sondern wirken sich auch auf die Gehirnleistung der Mutter positiv aus.

Rohes Getreide

Auch auf rohem Getreide können sich schädliche Keime befinden, die in den Blutkreislauf des Kindes gelangen können. Dennoch muss deshalb niemand auf sein Frühstücksmüsli verzichten. Ganz im Gegenteil: Müsli ist gesund und liefert der Schwangeren wertvolle Energie. Sie sollten jedoch darauf achten, kein Frischkorn-Müsli zu sich zu nehmen. Als solches sind die Produkte in der Regel jedoch ausdrücklich gekennzeichnet, sodass Sie bei ungekennzeichneten Produkten ruhigen Gewissens zugreifen können. Auch sämtliche Backwaren sind bedenkenlos genießbar. Denn das Backen zerstört potenziell schädliche Erreger.

Rohes Ei

Rohe Eier können schädliche Salmonellen enthalten. Die bei einer Salmonelleninfektion auftretenden Symptome wie Erbrechen und Durchfall können die Nährstoffversorgung

Gekocht besser als roh?

Grundsätzlich gilt, dass gekochte oder gebackene Lebensmittel im Hinblick auf das Infektionsrisiko mit Krankheitserregern unbedenklicher sind als rohe Lebensmittel. Dies sollten Sie jedoch nicht bei allen Lebensmitteln allzu wörtlich nehmen. Denn durch das Erhitzen werden nicht nur unerwünschte Erreger abgetötet, oft werden auch wichtige Vitamine und Nährstoffe zerstört, die nicht hitzebeständig sind.

des Ungeborenen beeinträchtigen, wenn der Flüssigkeitsverlust nicht durch ausreichende Wasseraufnahme ausgeglichen wird. In schweren Fällen kann es zu Früh- und Fehlgeburten kommen. Insofern sind auch rohe Eier für eine werdende Mutter tabu. Vorsicht gilt auch bei Lebensmitteln und Gerichten, die Mayonnaise, Aioli oder andere Ei-Pasten enthalten. Auch bei Tiramisu oder anderen Mousses, die mit rohen Eiern hergestellt werden, sollten Schwangere hellhörig werden. Erst wenn die Eier gekocht verarbeitet werden – und zwar so, dass sie eine feste Konsistenz haben (Vorsicht bei Spiegeleiern!) –, bestehen keine Bedenken mehr. Gleiches gilt für Produkte, die mit Konservierungsstoffen behandelt wurden (z. B. Mayonnaise aus der Tube).

Abgepackte Salate und Obst

Auch in abgepackten Salaten oder Obst, wie sie in vielen Kühltheken von Supermärkten zu finden sind, können schädliche Stoffe enthalten sein. Das Risiko besteht hierbei darin, dass die gründliche Säuberung der Produkte vor der Verarbeitung nicht sichergestellt werden kann. Sofern Sie frisches Obst, Gemüse und Salate selbst zubereiten, sollten Sie darauf achten, die entsprechenden Nahrungsmittel gründlich zu waschen, damit keine Keime oder Bakterien daran haften bleiben können.

Die wichtigsten Nährstoffe in der Schwangerschaft

Neben Produkten, bei denen in der Schwangerschaft Vorsicht geboten ist, gibt es solche, die unbedingt empfehlenswert sind, weil sie wichtige Vitamine und Mineralien enthalten. Die folgende Übersicht zeigt einige dieser wichtigen Vitalstoffe und in welchen Lebensmitteln sie enthalten sind.

- **Folsäure:** Dieses Vitamin ist wesentlich für die Zellteilung und Blutbildung und wird daher in der Schwangerschaft in erhöhter Menge benötigt. Manche Mediziner raten daher sogar zur Einnahme spezieller Folsäurepräparate. Aber auch durch eine bewusste Ernährung können Sie die Folsäurezufuhr unterstützen. Gemüse wie beispielsweise Blattgemüse, Tomaten und Karotten sowie folsäurehaltiges Salz sind beispielsweise gute Lieferanten.

- **Zink:** Dieser Mineralstoff ist für Wachstum und Wundheilung unverzichtbar. Zu finden ist er z. B. in Fleisch, aber auch in Kürbiskernen.
- **Vitamin B6:** Es dient der Verwertung von Eiweißen und damit dem Wachstum des Kindes. Auch Immunabwehr und Blutbildung werden durch das Vitamin gefördert. Mischen Sie täglich einen Löffel Weizenkleie in Ihr Müsli – so stellen Sie eine umfängliche Versorgung mit Vitamin B6 sicher.
- **Kalzium:** Dieser Mineralstoff ist am Knochenaufbau beteiligt. Aber auch für den Aufbau des Nervensystems ist Kalzium ein wichtiger Baustein. Zu finden ist er vor allem in Milchprodukten.
- **Eisen:** Schwangere leiden infolge der vermehrten Blutbildung oft unter zu geringen Eisenwerten. Wirken Sie dieser Einbuße durch den Verzehr von grünem Gemüse (z. B. Kohl und Spinat) sowie durchgegartem Fleisch, gekochten Eiern und Hülsenfrüchten entgegen.
- **Vitamin B12:** Dieses Vitamin wird zur Blutbildung benötigt. Schwangere haben einen erhöhten Bedarf an Vitamin B12. Zu finden ist es in Fleisch, aber auch in Hülsenfrüchten oder Nüssen.
- **Jod:** Jod ist nicht nur für den Aufbau von Schilddrüsenhormonen unerlässlich, sondern wird auch benötigt, um den körpereigenen Energiestoffwechsel zu aktivieren. In großen Mengen ist der Mineralstoff vor allem in Seefisch enthalten.

Typische Schwangerschafts-beschwerden

Vor allem im ersten Schwangerschaftsdrittel muss sich der Körper auf seine kommende Aufgabe und die damit einhergehenden Veränderungen einstellen. Daher kommt es in diesem Zeitraum nicht selten zu Beschwerden wie Übelkeit, Verstopfung, Wassereinlagerungen oder Sodbrennen. Ein Geheimrezept gegen diese lästigen Wehwehchen gibt es zwar nicht, doch immerhin kann man sich mit gezielten und bewussten Ernährungsmaßnahmen ein wenig Linderung verschaffen.

Übelkeit

Besonders in den ersten Monaten sind Appetitlosigkeit und plötzlich auftretende Übelkeit häufig. Die Ursache hierfür ist noch nicht ganz erwiesen. Vermutet wird, dass die hormonelle Umstellung oder ein Ungleichgewicht im Blutzuckerspiegel der Grund für die Beschwerden ist. Generell sollten Sie Ihren Magen daher während der Schwangerschaft nicht überstrapazieren und lieber mehrere kleine Mahlzeiten über den Tag verteilt zu sich nehmen als große Mengen auf einmal. Empfohlen wird ein Snack alle drei Stunden. Vergessen Sie auch das Trinken nicht! Gegen Morgenübelkeit hilft es, noch vor dem Aufstehen eine Kleinigkeit zu essen. Auch frische Luft und etwas Bewegung können helfen. Wichtig: Nehmen Sie ohne Rücksprache mit Ihrem Arzt keine Medikamente gegen Übelkeit ein!

Geschmacksprägung schon im Mutterleib?

Hinlänglich bewiesen, ob Schwangere durch ihre Ernährung Einfluss auf die spätere Geschmacksentwicklung Ihres Kindes nehmen, ist bisher zwar nicht. Allerdings erkennen viele Mütter durchaus Parallelen zwischen ihrer eigenen Ernährung in der Schwangerschaft und den späteren Vorlieben ihres Kindes. Frauen, die während dieser Zeit beispielsweise Heißhunger auf saure Lebensmittel wie Kiwis oder Zitronen hatten, bringen oft auch Kinder zur Welt, die später gern Obst und saure Lebensmittel essen. Wer also als Schwangere zu solch speziellen Gelüsten neigt, sollte diesen ruhig nachgeben!

Heißhunger

Auch an plötzlichen Hungerattacken können die Hormone schuld sein. Oft isst man dann hemmungslos Ungesundes wie z. B. übermäßig viel Schokolade. Das beste Mittel hiergegen ist immer noch, Heißhunger gar nicht erst entstehen zu lassen. Beugen Sie daher vor, indem Sie regelmäßig in kurzen Abständen gesunde Snacks wie z. B. Obst und Gemüse zu sich nehmen.

Wassereinlagerungen

Unschön und unangenehm sind schwere, dick angeschwollene Beine, die schwangeren Frauen besonders im Sommer zu schaffen machen. Hierzu kommt es dadurch, dass während der Schwangerschaft vermehrt Eiweiß ausgeschieden wird. Der Eiweißmangel im Blut führt zu einer Erhöhung des osmotischen Drucks, wodurch Wasser einfacher ins Gewebe gelangen kann. Auch der erhöhte Östrogenspiegel ist für das Anschwellen der Beine verantwortlich. Hiergegen können das Tragen von Kompressionsstrümpfen und das Hochlagern der Beine helfen, vor allem aber auch eine salzarme Ernährung und das Trinken von ausreichend Wasser. Nur so wird das Gewebe gleichmäßig durchspült und Anlagerungen werden verhindert.

Sodbrennen

Besonders im letzten Schwangerschaftsdrittel, wenn das Ungeborene immer mehr Platz im Bauch der Mutter einnimmt, kann es dazu kommen, dass ein Teil der Magensäure in die Speiseröhre gedrückt wird. Dies wiederum führt

zu Sodbrennen. Auch wer zu derartigen Reaktionen neigt, sollte darauf achten, lieber über den Tag verteilt kleinere Mahlzeiten zu sich zu nehmen, als zu viel auf einmal zu essen. Ebenfalls vermeiden sollte man es, sich nach dem Essen hinzulegen, um den Rückfluss der Magensäure in die Speiseröhre nicht zusätzlich zu unterstützen. Empfohlen werden oft auch Milch und Artischocken, die den Magen beruhigen sollen.

Verstopfung

Auch sie zählt zu den unschönen Begleiterscheinungen einer Schwangerschaft. Denn der Darm wird träger und der Körper benötigt viel Flüssigkeit zur Blutbildung, wodurch weniger davon der Verdauung zur Verfügung steht. Wer der Verstopfung entgegenwirken will, sollte daher dafür sorgen, den eigenen Wasserhaushalt im Gleichgewicht zu halten und bis zu drei Liter Wasser über den Tag verteilt zu sich nehmen. Verdauungsunterstützend wirken zudem ballaststoffreiche Speisen wie Gemüse oder Müsli. In besonders hartnäckigen Fällen kann auch Pflaumensaft helfen.

Rat suchen

Fragen Sie bei Schwangerschaftsbeschwerden auch Ihren behandelnden Arzt um Rat. Tipps bei kleineren Beschwerden können Sie sich z. B. auch von Mutter und Großmutter oder bei Freundinnen holen, die schon Kinder haben.

Ernährung in der Stillzeit

Stillen ist das Beste für Ihr Baby. Denn Muttermilch ernährt nicht nur den Körper, sondern das Stillen ist auch gut für die Seele des Kindes.

Stillen: eigentlich ganz einfach

Die Kuscheleinheiten, die beim Stillen durch den körperlichen Kontakt zwischen Mutter und Kind ganz automatisch ausgetauscht werden, bewirken bei beiden eine Ausschüttung von sogenannten Glückshormonen. Diese wirken beruhigend, vertrauensbildend und stabilisierend auf die Bindung von Mutter und Kind. Darüber, dass Stillen das Beste für Mutter und Kind ist, herrscht daher Einigkeit unter Medizinern, Hebammen sowie den Experten der Weltgesundheitsorganisation WHO, die die Säuglingsernährung über Muttermilch wenigstens bis zum sechsten Lebensmonat empfiehlt. Kein Wunder, schließlich ist Stillen die natürlichste Form der Säuglingsernährung. Viele junge Mamas können es daher kaum erwarten, einen derart engen Kontakt zu ihrem Kind aufzubauen, wollen ihm eine gesunde Ernährung zukommen lassen und ihm Geborgenheit schenken. Doch genau wegen dieses Anspruchs sind sie oft auch verunsichert. Viele Mütter sind durch moderne Medien, aber auch den Kontakt zu anderen Müttern einer Flut von Informationen ausgesetzt, die oft eher irritierend als richtig sind. Vor allem in puncto Ernährung herrscht oft große Unsicherheit.

Grundsätzlich gibt es beim Stillen kaum ein Verbot für den mütterlichen Speiseplan. Auch für diejenigen, die während der Schwangerschaft Speisen wie Sushi, Rohmilchkäse oder Mettbrötchen vermisst haben, gibt es eine gute Nachricht: Sie dürfen wieder zuschlagen. Denn Keime und Erreger wie Salmonellen oder Toxoplasmose-Erreger, die sich auf rohen Lebensmitteln befinden können, sind nicht über die Muttermilch übertragbar. Bei der Ernährung während der Stillzeit ist daher grundsätzlich alles erlaubt, worauf die Mutter Appetit hat. Sofern man sich bewusst und möglichst ausgewogen ernährt, kann man daher nichts falsch machen. Der Körper produziert die Muttermilch stets in einer Zusammensetzung, die für die Säuglingsversorgung optimal ist. Für den Speiseplan junger Mütter bedeutet das im Klartext: Viel frisches Gemüse und Obst, ausreichend Getreideprodukte, mäßige Mengen an tierischen Produkten und ein gesundes Maß guter Fette bilden die Basis eines gesunden Speiseplans. Wer sich konsequent an eine gesunde Ernährung hält, gibt sich und seinem Baby das Beste mit.

Still-Ernährung: grundsätzlich keine Verbote

Verschiedene Lebensmittel, beispielsweise Südfrüchte wie Ananas, aber auch Erdbeeren sowie einige Kohlsorten stehen immer wieder im Verdacht, Wundreaktionen der Haut,

Stillen Sie sich fit!

Das Einschießen von Milch und das Stillen des Babys sind natürliche Prozesse, die nicht nur dem Neugeborenen guttun. In der medizinischen Forschung hat man herausgefunden, dass genau dies auch dem mütterlichen Körper den Anreiz zur Rückbildung gibt. So bewirken die beim Stillen ausgeschütteten Hormone, dass sich das Gewebe der Gebärmutter wieder zusammenzieht und auch der Rest des Körpers zu alter Form gelangt. Der Körper verbraucht für die Milchproduktion eine große Menge an Kalorien und geht notfalls auch an seine Reserven. Damit ist das Stillen auch der beste Weg, um einige überflüssige Babypfunde zu verlieren.

Koliken oder andere Beschwerden bei Babys auszulösen. Doch auch hier besteht aus medizinischer Sicht kein großer Anlass zur Sorge. So ist es z. B. eher die Ausnahme, dass der Genuss von Ananas in der Stillzeit beim Baby zu wunden Stellen am Popo führt. Auch hier gilt wieder: Wer sich ausgewogen und bewusst ernährt, schafft eine gute Basis für die Babygesundheit und wird dabei schnell merken, ob der Säugling Vorlieben oder bestimmte Unverträglichkeiten hat. Grundsätzlich ist kein Nahrungsmittel ungesund oder ungeeignet. Nimmt die Mutter jedoch ein bestimmtes Lebensmittel oder eine Gruppe von Nahrungsmitteln (z. B. Südfrüchte oder Lauchgewächse) in besonders großen Mengen zu sich, kann sich das durchaus auch in der Zusammensetzung der Milch widerspiegeln. Treten jetzt Reaktionen des Säuglings auf, sollte der Speiseplan überdacht werden.

Ein prüfender Blick auf den Kühlschrankinhalt kann generell nicht schaden, wenn es beim Kind zu ungewöhnlichen Reaktionen wie einem wunden Po, starken Blähungen, Pickelchen oder Unruhe kommt. Lebensmittel, die verdächtig sind, das Verdauungssystem des Säuglings negativ zu beeinflussen, sind dabei folgende:

- **Koffein und Schokolade:** Cola, Kaffee oder schwarzer Tee wirken Müdigkeit entgegen und wecken neue Lebensgeister. Denn das enthaltene Koffein aktiviert die Stoffwechselprozesse von Gehirn und Körper. Gelangen diese Stoffe nun aber über die Muttermilch auch in den kindlichen Körper, kann hier durchaus selbiges eintreten: Nimmt die Mutter Kaffee, Tee oder Cola zu sich, kann dies bei Säuglingen zu Unruhe führen. In seltenen Fällen kann dieses Phänomen sogar nach dem Genuss

„Sündigen" (ausnahmsweise) erlaubt

Eine gesunde Ernährung bedeutet nicht, dass man gänzlich auf Genuss verzichten muss. Wer Kuchen, Schokolade und andere Süßigkeiten in Maßen genießt, muss als stillende Mutter kein schlechtes Gewissen haben. Auf Zigaretten sollten Sie hingegen während der Stillmonate noch immer verzichten. Auch Alkohol ist grundsätzlich nicht zu empfehlen. Wer aber ausnahmsweise mal mit einem halben Glas Sekt anstoßen möchte, muss sich deshalb nicht schlecht fühlen. Konnte man der Versuchung nicht widerstehen, ist es allerdings ratsam, ausreichend Zeit zwischen dem Alkoholkonsum und dem nächsten Stillen vergehen zu lassen, sodass der Körper den Giftstoff abbauen kann.

von Schokolade auftreten. Denn das hierin enthaltene Theobromin wirkt ebenfalls belebend.

- **Lauchgewächse und Kohl:** Es ist ein Phänomen, das nicht nur bei Babys und Säuglingen auftritt, sondern das durchaus auch manche Erwachsene kennen: Nach dem Verzehr von Knoblauch, Zwiebeln (vor allem im rohen Zustand), Kohl oder Lauch treten Bauchschmerzen und Blähungen auf. In manchen Fällen kann diese Art der Unverträglichkeit auch bei Hülsenfrüchten und Steinobst auftreten.
- **Säurehaltige und scharfe Speisen:** Wenn der Po des Babys gerötet und wund ist, kann es in seltenen Fällen sein, dass der Speiseplan der Mutter ein wenig zu säuerlich oder zu scharf für das Kleine war. Zitrusfrüchte wie

> Kiwis und Orangen, aber auch Johannisbeeren, Stachelbeeren oder Kirschen können den Verdauungstrakt des Kindes reizen und zu entsprechenden Symptomen führen. Gleiches kann auch für saure Gemüsesäfte (z. B. Tomatensaft) oder Früchtetees gelten. Auch scharfe Speisen können mitunter zu einem wunden Babypo führen. Vor allem, wenn die Mutter selbst empfindlich auf diese Lebensmittel reagiert, ist Vorsicht geboten. Oft heißt es, dass auch die Entstehung kleiner Pickelchen sauren Lebensmitteln geschuldet ist. Doch auch hier gilt: Verzichten Sie nicht vorsorglich auf saure oder scharfe Speisen. Die geschilderten Beschwerden sind nicht die Regel, sondern eher die Ausnahme.

Was aber ist zu tun, wenn man Blähungen, Unruhe oder einen wunden Po bei seinem kleinen Liebling feststellt? Sofern die Vermutung besteht, dass diese Beschwerden als Unver-

Vegetarisch stillen

Während der Stillzeit gibt es nicht nur keine Genussverbote, sondern auch keine Zwänge. Insofern sollten sich auch Vegetarier nicht unter Druck gesetzt fühlen. Eine optimale Kindesernährung durch die Muttermilch ist auch bei Fleischverzicht möglich. Nährstoffreiche Nahrungsmittel wie Hülsenfrüchte, Spinat, Rote Bete, Fisch oder Eier sind ein guter Fleischersatz. Wer sichergehen will, dass die Nährstoffversorgung stimmt, spricht mit seinem Arzt und lässt gegebenenfalls eine Blutuntersuchung durchführen.

träglichkeitsreaktion auf bestimmte Lebensmittel aufgetreten sind, sollten Mütter die entsprechenden Lebensmittel zunächst von ihrem Speiseplan streichen. Verzichten Sie etwa zwei Wochen auf die Speisen, von denen Sie vermuten, sie würden Ihr Kind beeinträchtigen. Gehen die Symptome dann zurück und treten sie auch nicht erneut auf, könnte tatsächlich eine entsprechende Unverträglichkeit der Auslöser gewesen sein. Doch keine Sorge: Das hat nicht zu bedeuten, dass Sie nun länger auf Kiwis oder Chili verzichten müssen. Mit der fortschreitenden Entwicklung des kindlichen Verdauungssystems werden auch saure oder scharfe Speisen sowie weitere Lebensmittel, die den Babykörper potenziell belasten, besser vertragen.

Keine Diät!

In der Stillzeit ist aus ernährungswissenschaftlicher Sicht grundsätzlich alles erlaubt, was Mama und Baby gut bekommt. Allerdings warnen Mediziner und Experten vor einer Diät. Verzicht und eine unterkalorische Ernährungsweise tun der stillenden Mutter – und damit automatisch auch ihrem Sprössling – nun alles andere als gut. Denn die Produktion von Muttermilch und das Stillen des Säuglings sind für den mütterlichen Körper ein kräftezehrender Prozess. Bis zu 600 Kalorien zusätzlich benötigt die Mutter nun, um diese Energie aufzubringen. Sowohl Untergewicht als auch Übergewicht wirken sich auf die Leistungsfähigkeit und damit auch auf den Milchfluss aus. Hier gilt es, ein gesundes Mittelmaß zu finden und jegliche Extreme in der Ernährung zu vermeiden. Zwar ist es nicht schlimm, wenn man durch

das Stillen ein paar überschüssige Babypfunde verliert, jedoch sollte das Gewicht nicht drastisch sinken. Achten Sie stattdessen darauf, dass Sie Ihren erhöhten Kalorienbedarf decken. Doch Vorsicht: Der Mehrbedarf sollte nicht als Freifahrtschein zum Naschen verstanden werden! Denn mit dem Kalorienbedarf steigt gleichzeitig vor allem auch der Nährstoffbedarf. Was der Körper nun braucht, ist gesundes „Kraftfutter" in Form von Gemüse, Vollkorn und Fleisch.

Trinken: Viel hilft nicht viel!

Zu einer gesunden Ernährung gehört auch eine ausreichende Flüssigkeitszufuhr. Empfohlen sind dabei etwa zwei bis drei Liter Wasser oder ungesüßter Tee pro Tag. Junge Mütter trinken besonders gern spezielle Stilltees. Sie beinhalten meist Heilpflanzen wie Anis, Fenchel und Kümmel – Zutaten, die anregend auf den Milchfluss und positiv auf die Verdauung des Kindes wirken sollen. Verfallen Sie in puncto Trinkverhalten jedoch nicht auf den Irrglauben, dass vermehrtes Trinken den Milchfluss positiv beeinflusst. Studien zufolge können nicht nur zu geringe, sondern auch zu hohe Trinkmengen den Milchfluss eher mindern als fördern. Auch hier sollte es um Ausgewogenheit gehen. Denn jegliche Extreme versteht der Körper als Stress. Und dieser wirkt sich immer negativ aus. Und Stillen soll schließlich etwas Schönes – und nichts Stressiges – sein! Gönnen Sie sich daher hierfür Ruhe und ausreichend Zeit. Genießen Sie die Bindung zu Ihrem Baby und die Kuscheleinheiten!

Weniger Stress durch mehr Organisation

Junge Mütter stehen vor einer großen Herausforderung: Ihr Leben steht plötzlich Kopf und ihr Herz schlägt nur noch für das Kind. Und was ihren Zeitplan angeht? Auch der steht oft unter dem Diktat des Kleinen. Sich hin und wieder überfordert zu fühlen ist bei einer solchen Umstellung kein Wunder. Was hilft? Eine gute Organisation. Denn je besser Sie vorbereitet sind, desto mehr Ruhe schaffen Sie im Alltag. Die folgenden Tipps helfen dabei, dies zu verwirklichen.

Vorkochen

Um ausreichend Energie zu tanken, sollten junge Mütter regelmäßig essen. Da im Alltag mit Baby oft jedoch keine Zeit zum Einkaufen, Vorbereiten und Kochen bleibt, hilft es vielen Mamas, ihr Essen vorzukochen und portionsweise einzufrieren. Idealerweise beginnt man damit schon vor der Geburt. Doch auch danach noch gibt es Gelegenheit zum Vorkochen. So könnten Sie beispielsweise Ihren Partner, eine Freundin oder Ihre Mutter bitten, sich ein paar Stunden in die Küche zu stellen und zwei oder drei Gerichte in größerer Menge vorzubereiten und einzufrieren.

Hilfe organisieren und zulassen

Junge Mütter haben alle Hände voll zu tun. Und dabei zählen in den wertvollen ersten Wochen und Monaten mit dem

Kind meist nur die gemeinsam verbrachte Zeit und die Momente des Kuschelns und Genießens. Fühlen Sie sich daher nicht gezwungen, den Haushalt auf Hochglanz zu bringen oder andere Dinge des Alltags in Perfektion erledigen zu müssen. Im Gegenteil: Lernen Sie, sich Entspannung und Muße zu gönnen und zu erlauben. Diese Ruhe wird sich auch auf Ihr Kind übertragen. Vielleicht kann ja auch Ihr Partner etwas mehr im Haushalt helfen oder Sie gönnen sich ein paar Wochen eine bezahlte Haushaltshilfe – im Vergleich zur Entlastung betrachtet, vernünftig investiertes Geld.

Auszeiten

Mutter zu sein ist mehr als ein Vollzeitjob. Es ist eine Aufgabe, die keinen Feierabend kennt. Ob nachts oder frühmorgens, an Feiertagen oder in den Ferien: Eine Mama muss immer zur Stelle sein. Daran lässt sich zwar kaum etwas ändern, doch Sie sollten dabei darauf achten, dass Sie selbst nicht zu kurz kommen. Kurze Auszeiten sind wichtig, um Kraft zu tanken. Hierfür können Sie sich z. B. eine professionelle Massage oder einfach einen Besuch bei einer Freundin gönnen – und zwar ohne Baby. Auch für stillende Mütter ist dies kein Problem. Abgepumpte Milch kann dem Kind schließlich auch der Vater oder die Oma geben. Im Kühlschrank hält sich Muttermilch bis zu 72 Stunden. Wichtig ist, dass die Milch in einem sterilen Fläschchen und bei einer Temperatur von etwa 7 °C gelagert wird. Auch im Tiefkühlfach kann man Muttermilch

aufbewahren. Hier ist sie sogar bis zu drei Monate haltbar. Das Aufwärmen sollte allerdings schonend geschehen. Lassen Sie die „TK-Milch“ zunächst in Ruhe bei Zimmertemperatur flüssig werden. Anschließend sollte sie nur vorsichtig erwärmt und keinesfalls zum Kochen gebracht werden. Denn zu hohe Temperaturen zerstören die wertvollen Nährstoffe.

Stillprobleme: Was kann ich tun?

Auch Stillen will gelernt sein. Gerade bei Mamas, die ihr erstes Kind bekommen, ist es daher nicht selten, dass hin und wieder unerwartete Komplikationen auftreten. Doch keine Sorge: In den wenigsten Fällen handelt es sich hierbei um ernsthafte Symptome. Oft braucht es nur ein paar Tricks und Kniffe, um die Muttermilch wieder sprichwörtlich in den Fluss zu bringen. Folgende Tipps können Sie bei häufigen Stillbeschwerden beherzigen.

Zu wenig Milch

Einer der häufigsten Gründe, weshalb die Mutter nicht genügend Milch produziert, ist die zu geringe Flüssigkeitszufuhr. Wer stillt, sollte täglich mindestens zwei Liter Flüssigkeit in Form von Tee oder stillem Wasser zu sich nehmen. Ein weiterer Trick ist das regelmäßige Anlegen des Babys. Bieten Sie Ihrem Kind daher regelmäßig die Brust an. Denn erst durch den Hautkontakt wird der mütterliche Körper zur Milchbildung animiert.

Empfohlen wird auch der Verzehr bestimmter Lebensmittel, die einen positiven Einfluss auf die Milchbildung haben. Hierzu zählen Kräuter wie Dill, Kerbel, Rosmarin, Majoran, Basilikum und Zitronenmelisse. Auch bestimmte Gewürze wie Kümmel, Ingwer, Anis, Fenchel und Zimt wirken milchbildend. Daher sind sie auch in speziellen Stilltees enthalten. Sie sind in ihrer Zusammensetzung besonders ausgewogen und wohlschmeckend, sodass sie für Mütter mit wenig Milch der wohl schnellste und praktischste Weg zu einer milchfördernden Ernährung sind. Vorsicht gilt hingegen bei Minz- und Salbeitee: Beide Sorten wirken abstillend. Zudem sollten Sie immer darauf achten, die Brust warm zu halten. Denn auch Kälte lässt die Milchproduktion zurückgehen.

Zu viel Milch

Wenn hingegen der Milchfluss unbeabsichtigt und kaum zu stoppen ist, ist das für junge Mütter eine unangenehme und belastende Situation. In den ersten drei Wochen nach der Geburt sollten Sie jedoch Ruhe bewahren und versuchen, diesen Zustand auszuhalten. Denn oft dauert es einfach eine gewisse Weile, bis sich sie Milchbildung auf die Nachfrage und den Rhythmus des Kindes eingestellt hat. Wird der Milchüberfluss aber auch dann nicht besser, können Sie es zunächst mit regelmäßiger Kühlung versuchen. Quarkwickel oder kalte Kohlblätter, die man unmittelbar auf die Brust legt, helfen oft gut – auch gegen eventuelle Schmerzen. Ebenso kann es sinnvoll sein, insgesamt etwas weniger Flüssigkeit zu sich zu nehmen oder hin und wieder einen Salbei- oder Minztee zu trinken. Wichtig ist auch, dass die überschüssige Milch nicht zu häufig abgepumpt wird: Je in-

tensiver Sie abpumpen, desto mehr Milch wird produziert, da der Körper in diesem Fall von einem großen Nährstoffbedarf des Kindes ausgeht.

Erschöpfung

Stillen ist ein Kraftakt für die Mutter. Nicht selten kommt es dabei zu einem drastischen Gewichtsabfall sowie deutlicher Kraftlosigkeit. Dauert dieser Zustand lange an, kann sich das sogar auf die Psyche auswirken. Lustlosigkeit bis hin zu depressiven Verstimmungen kann die Folge sein. Ein Zustand der Erschöpfung ist daher unbedingt ernst zu nehmen. Hier wirken Phasen der Ruhe und Entspannung regenerierend. Aber auch durch eine gezielte, vor allem eisenhaltige Ernährung lässt sich verlorene Kraft zurückgewinnen. Auf den Speiseplan gehören dabei beispielsweise Spinat und Feldsalat ebenso wie Fisch, Fleisch und Hülsenfrüchte. Oder wie wäre es mit einem grünen Smoothie, den Sie als tägliche „Kraftnahrung“ frisch zubereiten? Aber denken Sie daran: Selbst die beste Ernährung kann nur kräftigen, wenn man sie nicht nur hin und wieder zu sich nimmt, sondern regelmäßig. Integrieren Sie eisenhaltige Speisen daher unbedingt in ihren täglichen Speiseplan.

Brustentzündung

Wenn das Baby mit dem Trinken nicht nachkommt, kann es passieren, dass sich Milch in der Brust staut und hier eine schmerzliche Entzündung hervorruft. Doch auch, wenn es wehtut, sollten Sie in dieser Zeit weiterstillen. Denn der Milchfluss muss angeregt werden und in Fluss bleiben, um die Stauung zu lösen. Stillen Sie Ihr Baby nun lieber öfter und kürzer als seltener und dafür länger. Gegen den Schmerz und die unangenehme Wärme in der Brust helfen kühlende Quarkwickel und Tonerde. Auch Frauenmanteltee kann hier für Beruhigung sorgen.

Abstillen: Wann und wie?

Im Lauf der Stillzeit bilden Mutter und Kind meist nach einiger Zeit ein wunderbares Team und genießen die innigen Momente zu zweit. Doch irgendwann kommt der Moment, an dem es Zeit ist zum Abstillen. Nehmen Sie sich für diese Phase der Entwöhnung Zeit. Niemand drängt Sie. Im Gegenteil: Nur Sie und Ihr Kind wissen, was gut für Sie ist und wie lange es dauert, völlig ohne Muttermilch auszukommen. Das ganze erste Lebensjahr hindurch ist Muttermilch eine gute Nährstoffquelle für die Kleinen. Oft werden Babys, die älter als vier Monate sind, von Flüssignahrung allein aber nicht mehr richtig satt. Außerdem sind sie neugierig: Sie beobachten Mama und Papa beim Essen und stecken sich dabei selbst die Hand oder andere Gegenstände in den Mund. Sind Neugier und Hunger groß genug, spricht nichts dagegen, Beikost auf den Speiseplan zu bringen – zunächst allerdings in kleinen Etappen. Denn das Verdauungssystem des Babys muss sich langsam an den neuen kulinarischen Genuss gewöhnen können.

Beikosteinführung

Ein Klassiker zur Beikosteinführung ist Möhrenbrei. Er hinterlässt zwar mitunter schon einmal gemeine Flecken auf der Kleidung, dafür enthält er wichtige Vitamine (vor allem Vitamin A) und schmeckt jungen Essern durch seine milde Süße besonders gut. Zur Einführung von Beikost geht man am besten nach einem speziellen Stufensystem vor: Ersetzen Sie die Mittagsmilchkost nach und nach durch Beikost. Füttern Sie in den ersten Tagen dabei maximal ein bis zwei Löffelchen und geben Sie anschließend Mutter- oder Pre-Milch (einen in der Zusammensetzung weitgehend an Muttermilch angepassten Milchersatz) zur Sättigung. Verträgt das Baby die neue Kost gut, kann die Menge allmäh-

lich gesteigert werden, bis schließlich kein Zufüttern von Milch mehr nötig ist. Sofern das Kind die Breinahrung gut verträgt und eine feste Mahlzeit bereits als Brei verspeist, ohne nach Milch zu verlangen, können Sie nach und nach eine weitere Mahlzeit, zum Beispiel das Abendessen, durch Brei ersetzen. Wie viel Zeit Sie für diesen Prozess aufwenden, hängt von Ihren individuellen Bedürfnissen und Vorlieben sowie von denen Ihres Kindes ab.

Einhergehend mit der zunehmenden Menge an Brei, die das Kind zu sich nimmt, sollte die Mutter den Prozess des Abstillens einleiten. Nach und nach sollte immer weniger Milch produziert werden, um einen eventuellen Milchstau und gegebenenfalls damit einhergehende Entzündungen zu vermeiden. Normalerweise geschieht diese „Entwöhnung" ganz natürlich und automatisch. Der Körper stellt sich auf die weniger wer-

denden Milchbedürfnisse des Kindes ein und produziert so auch nur noch geringe Milchmengen.

Abstillen unterstützen

Um dem Körper klare Signale zu senden und den Prozess des Abstillens zu unterstützen, können Sie jedoch auch noch einige weiterführend unterstützende Maßnahmen ergreifen. Hilfreich für das Abstillen ist bereits das immer seltenere Anlegen des Kleinen. Auch feste Essens- und Stillzeiten helfen dabei. Ein Milcheinschuss kann übrigens auch ausgelöst werden, wenn Sie Ihr Kind mit Brei zu füttern versuchen. Es ist eine Art Automatismus, der Ihrem Körper sagt, dass er für die Nahrungszufuhr zuständig ist. In der ersten Zeit des Abstillens kann es daher durchaus Sinn machen, dass der Vater oder ein anderes Familienmitglied das Kind füttert. Des Weiteren sollten Sie in der Zeit des Abstillens weniger Flüssigkeit zu sich nehmen. Damit reduziert sich die Milchmenge in der Regel recht schnell. Wenn Sie etwas trinken, dann idealerweise Minz- oder Salbeitee. Beide Teesorten wirken hemmend auf die Milchbildung. Auch das Kühlen der Brust ist eine unterstützende Maßnahme. So erzielt man beispielsweise oft gute Erfolge mit Quarkwickeln. Auch Kühlkompressen helfen, sollten aber nicht mit direktem Hautkontakt auf die Brust gelegt werden. Denn oft sind sie so kalt, dass schmerzende Verkühlungen auf der Haut entstehen können. Umwickeln Sie die Kompressen daher zunächst mit einem dünnen Handtuch oder einem Geschirrtuch, ehe Sie sie auflegen.

Kochen für Babys

Je kleiner die Kinder sind, desto schneller schreitet ihre Entwicklung voran. Im ersten Lebensjahr wächst Ihr kleiner Liebling quasi über Nacht, lernt seine Umwelt wahrzunehmen und mit ihr zu interagieren. Bald kommen die ersten Zähne. Dann lernt das Baby zu krabbeln und zu plappern. Es wird größer und kann bald schon sitzen – am besten gemeinsam mit Ihnen am Tisch!

Aufs Bauchgefühl hören

In puncto Ernährung gehen die Entwicklungsschritte nie wieder so schnell voran wie im ersten Lebensjahr. Doch auch wenn ihr Kind immer selbstständiger wird, sind es die

Eltern, die voll und ganz für die Ernährung ihres Kindes zuständig sind. Sie suchen die Speisen aus, bereiten sie zu, essen gemeinsam mit dem Kind, bringen ihm Tischmanieren und die Freude am Genuss, aber auch das Bewusstsein für eine gesunde Ernährung bei. Sie sind es, die jetzt den Grundstein dafür legen, dass sich ihr Kind auch in späteren Jahren gut und gesund ernährt.
Durch das Verantwortungsbewusstsein der Eltern entsteht oft auch ein Druck, der vielen Müttern und Vätern mehr zu schaffen macht, als er ihnen nützt. Denn in einem Zeitalter, in dem Informationen schneller und umfänglicher zugänglich sind als jemals zuvor, wächst nicht nur das Wissen, sondern oft auch die Unsicherheit. Junge Eltern, die alles richtig machen wollen, lesen Bücher und Fachzeitschriften, studieren Online-Foren oder tauschen sich in Elterngruppen aus – kurz gesagt: Sie werden überflutet von einer Fülle an Informationen, Tipps und Ratschlägen. Aber mit zunehmendem Wissen steigen nicht nur der Druck, alles richtig machen zu wollen, und das Bewusstsein für mögliche Fehler, zugleich schwindet oft auch etwas sehr Wichtiges, das Mutter Natur eigentlich allen Müttern und Vätern mit auf den Weg gegeben hat: ein gesundes und verlässliches Bauchgefühl. Eltern, die alles nach Anweisung und dem neuesten Stand der Wissenschaft richtig machen wollen, vergessen oft auch, dass der Mensch keine Maschine ist. Dies gilt auch für Kinder. Jede Entwicklung verläuft individuell, und auch in puncto Ernährung können grundsätzlich umsichtige Eltern nicht viel falsch machen. Was heißt das konkret? Dass Sie sich entspannen können. Die „eine“ perfekte Art der

Erziehung gibt es nicht. Und damit auch nicht die „eine“ perfekte und richtige Ernährung. Es gibt Erfahrungen und Empfehlungen, vor allem aber gibt es die familiäre Fürsorge, die vertrauensvolle Eltern ganz von allein erkennen lässt, welche Ernährung für ihren Sprössling die beste ist.

Keine Angst vor Fehlern!

Selbst wenn Sie einmal versehentlich etwas Unverträgliches, Verfrühtes oder vermeintlich Ungesundes auf den Speiseplan Ihres Lieblings gebracht haben, ist das in der Regel kein großes Problem. Babys und Kinder sind trotz ihrer Zartheit robuster, als viele Eltern glauben mögen. Kleine Ausrutscher in der Ernährung des Kindes gehören zur natürlichen Lernerfahrung, die Sie und vor allem Ihr Kind auf dieser Welt noch zuhauf machen werden. Machen Sie sich daher keine Vorwürfe, sondern lernen Sie aus Ihren Fehlern und machen Sie es beim nächsten Mal besser. Wenn Sie dann nach wie vor vertrauensvoll und experimentierfreudig bleiben, wird es Ihr Kind auch. Aus demselben Grund sollten Sie die folgenden Tipps und Hinweise nicht als Zwang, sondern als Empfehlung für die Ernährung Ihres Kindes verstehen. Die folgenden Ausführungen sollen daher nur als grobe Richtlinien dienen. Denn gerade im ersten Lebensjahr finden viele Reifeprozesse statt, die ein exakt festgelegtes Timing gar nicht zulassen. Die Erfahrungen zeigen jedoch, dass die Entwicklungsschritte in grob kalkulierbaren Rhythmen bei allen Kindern weltweit in ähnlichen Abschnitten geschehen.

Vom Säugling zum „Löffeling"

Zum ersten großen Entwicklungsschritt eines neuen Erdenbürgers gehört der Weg vom Säugling zum „Löffeling", also die Umstellung von flüssiger Milchnahrung aus der mütterlichen Brust auf zu feinem Brei pürierte Lebensmittel. Dies ist ein Schritt, der für das Kind nicht nur erstmals einen vollkommen neuen Geschmack bringt, sondern es auch eine neue Konsistenz im Mund spüren lässt. Anstatt zu saugen und zu schlucken, muss es nach und nach lernen, vom Löffel zu schlürfen, zu essen und irgendwann zu zermahlen und zu kauen. Natürlich stellen diese Neuerungen auch für den Magen- und Darmtrakt des Kleinen eine Neuigkeit dar. So verfügt der Magen eines Babys in den ersten Lebensmonaten

noch nicht über ausreichend viel und starke Magensäure, die es möglich macht, Nahrungsmittel zu zersetzen. Auch gegen Keime ist der Magen von allein noch nicht umfänglich gewappnet. Gerade bei Kindern, die nicht gestillt werden, ist daher auf eine besondere Hygiene bei der Reinigung des Fläschchens zu achten. Zudem muss das Wasser für die Milchzubereitung in den ersten Lebensmonaten (etwa bis zum sechsten Monat) abgekocht werden. Auch im restlichen Verdauungssystem werden die notwendigen Enzyme zur Verwertung von Nahrungsmitteln erst nach und nach aufgebaut. Insgesamt ist der Magen-Darm-Trakt in den ersten drei bis vier Monaten noch sehr sensibel, was auch erklärt, weshalb Neugeborene zu Koliken, Bauchweh und Blähungen neigen. Zum einen ist das Verdauungssystem noch nicht so gut eingespielt, zum anderen sind die Mechanismen, die

z. B. Gase entweichen lassen oder den Schließmuskel kontrollieren, noch nicht weit genug entwickelt. Selbst die Nieren sind in den ersten Wochen und Monaten ihrer Aufgabe mitunter noch nicht gänzlich gewachsen. Sie können Abbauprodukte nur begrenzt ausscheiden. Um die Nieren nicht zu überlasten, es ist daher nicht empfehlenswert, den Säugling zusätzlich zur Mutter- oder Flaschenmilch mit Flüssigkeit zu versorgen. Zwar haben Säuglinge einen hohen Flüssigkeitsbedarf, dieser wird jedoch grundsätzlich ausreichend über die Milchnahrung gedeckt. Eine Ausnahme kann lediglich an besonders heißen Tagen bestehen.

Warum weint mein Baby?

Dass Babys schreien, ist vollkommen normal – aber deshalb trotzdem nicht angenehm für Groß und Klein. Vor allem unerfahrene Eltern machen sich oft Sorgen, wenn ihr Kind weint oder schreit. Dabei gilt ein Schreipensum von bis zu drei Stunden täglich in den ersten zwei Wochen als durchaus normal. Babys schreien, um Eindrücke zu verarbeiten oder als Reaktion auf neue, ungewohnte Reize. Schreien dient dem Stressabbau. Im Verlauf der nächsten Wochen reduziert sich das Schreien auf etwa eine Stunde pro Tag (etwa ab der zwölften Woche). Als „Schreibabys" gelten erst Kinder, die täglich mindestens drei Stunden schreien. Hierfür können durchaus krankhafte Ursachen verantwortlich sein und sollten ärztlich abgeklärt werden. Als weitere Ursachen für das Schreien kommen folgende infrage:

- **Hunger:** Nörgeln oder Schreien ist oft ein Zeichen für Hunger. Sofern die letzte Mahlzeit länger als zwei Stunden zurückliegt, sollten Sie dem Kleinen daher Nahrung anbieten.
- **Blähungen und Bauchweh:** In den ersten Monaten ist das Verdauungssystem noch nicht voll ausgereift, es ist besonders sensibel und daher anfällig für schmerzende Koliken. Ein Anzeichen dafür, dass Ihr Baby sich mit Bauchweh quält, ist eine Verhärtung des Bauchs. Die Muskeln krampfen. Viele Kinder ziehen dabei auch die Beine zum Bauch. Wärme (z. B. durch Kirschkernkissen, die auf den Bauch des Kindes gelegt werden) helfen hier ebenso gut wie Kümmeltee.
- **Müdigkeit:** Babys müssen viele Dinge erst lernen. So wissen sie auch noch nicht, dass sie sich entspannen

sollten, wenn sie müde werden. Die Augen zu schließen und einzuschlafen will geübt sein. Viele Babys schreien daher bei Müdigkeit. Helfen Sie dem Kleinen durch sanftes Wiegen, abgedunkelte Räume und eine ruhige Atmosphäre.

- **Heiß oder kalt:** Das Baby nicht zu warm einzupacken, aber auch nicht zu dünn anzuziehen ist für junge Eltern nicht immer eine leichte Aufgabe. Vielleicht ist dem Baby einfach zu warm oder zu kalt, und es schreit deshalb. Prüfen Sie die Temperatur des Kindes in diesem Fall stets im Nacken. Denn die Wärme der Hände ist oft kein verlässliches Zeichen.

Zufüttern nach der Muttermilch

Muttermilch ist in den ersten Lebenswochen eine gute und ausreichende Nahrung für das Kind. Es kann jedoch passieren, dass die Milchmenge nicht ausreicht oder es zu Problemen beim Stillen kommt. Manche Mütter entscheiden sich auch von vornherein komplett dagegen oder sie stillen mehrere Wochen und möchten danach abstillen. Junge Mütter sind unsicher, wenn das Baby nicht mehr von der Muttermilch allein satt wird. Doch Muttermilch ist ein Wunder der Natur. Sie versorgt das Baby mit allen Vitalstoffen, die es in seinem jeweiligen Entwicklungsstand braucht. Auch wer vor dem Beginn des Beikostalters abstillen möchte, kann beruhigt sein: Inzwischen hat man auch industriell gefertigte Milchpulver entwickelt, die der Muttermilch in ihrer

Zusammensetzung sehr ähnlich sind. Daher ist es auch möglich, ein Baby mit der Flasche gut und gesund aufzuziehen oder es nach dem (vorzeitigen) Abstillen ausreichend zu versorgen.

Pre-Milch

Moderne Pre-Milch ist ein ausgewogener, wissenschaftlich ausgiebig erforschter und in seiner Herstellung streng kontrollierter Ersatz für natürliche Muttermilch. Auch die Dosierung ist inzwischen sehr unkompliziert. Da Pre-Milch, ebenso wie Muttermilch, frei von Kohlenhydraten ist, macht sie nicht dick. Durch den Verzicht auf Zucker wird der Darm des Kindes auch nicht übermäßig belastet. Daher kann es ab dem ersten Tag so viel und so oft davon trinken,

wie es möchte – und das sogar das gesamte erste Lebensjahr hindurch. Pre-Milch ist daher nicht nur eine vollwertige Kost für nicht gestillte Neugeborene, sondern auch später noch ein gesundes Nahrungsmittel.

1er-Milch

In ihrer Zusammensetzung der Pre-Milch ähnlich, jedoch etwas nahrhafter ist die sogenannte 1er-Milch. Sie enthält einen erhöhten Stärkeanteil, der sättigend wirkt und für alle Babys geeignet ist, die noch nicht im Beikostalter sind (also etwa bis zum vierten oder fünften Monat), von Pre-Nahrung oder Muttermilch allein aber nicht mehr satt werden. Damit das Kind nicht zu viele Kalorien zu sich nimmt, sollte man auf die auf der Packung angegebene Ernährungsempfehlung achten. Wird diese eingehalten, wird das Baby von der Folgemilch auch nicht dick. Dennoch ist es nicht zwingend erforderlich, eine Folgemilch zu füttern. Stattdessen können Sie auch versuchen, die Menge an Pre-Milch zu erhöhen.

2er- und 3er-Milch

Ab dem sechsten Monat kann 2er-Milch und ab dem zwölften Monat 3er-Milch gegeben werden. Diese sind von der Konsistenz her noch sämiger und sättigender. Zudem ist hier der Anteil an Eisen erhöht. Aber auch hier gilt: Folgemilch ist kein Muss. Inzwischen wird Ihr Kind auch festere Nahrung zu sich nehmen. Sofern diese zur Sättigung ge-

nügt, kann weiterhin allein die stärke- und kalorienarme Pre-Mlich als Milch- und Zwischenmahlzeit gegeben werden. Nach dem sechsten Lebensmonat ist der Darm des Babys auch bereit, Kuhmilch zu verdauen, sodass der Milchbedarf auch hierüber gestillt werden kann.

Der erste Brei

Irgendwann kommt der Zeitpunkt, an dem Milch allein nicht mehr genügt. Und zwar nicht nur, weil der kindliche Körper mit seinen Entwicklungs- und Wachstumsprozessen nach mehr Kalorien und Vitalstoffen verlangt, sondern auch aufgrund der Neugier des Kindes. Es will die Lebensmittel entdecken, die seine Eltern zu sich nehmen, will mit am Tisch sitzen und im wörtlichen Sinne begreifen, was vor ihm auf dem Teller liegt. Unabhängig vom Alter Ihres Kindes erkennen Sie genau an diesem Entdeckungsdrang, dass Ihr Kind für Beikost bereit ist. Schaut es den Erwachsenen interessiert beim Essen zu oder streckt es seine Ärmchen nach ihrer Gabel aus, ist es an der Zeit, das Kind „zu Tisch zu bitten“. Wann genau dieser Zeitpunkt ist, hängt voll und ganz von Ihnen und Ihrem Kind ab. Experten empfehlen, nicht vor Abschluss des vierten Lebensmonats, spätestens aber bis zum sechsten Monat mit der Breifütterung zu beginnen.

Doch wie führt man diese Umstellung am besten ein? Die wichtigste Antwort darauf lautet vor allem: in aller Ruhe. Nicht nur Magen und Darm des Kindes müssen sich langsam an die neue Nahrung gewöhnen, auch der Geschmackssinn und die Umstellung von Saugen auf Löffeln kann etwas Zeit in Anspruch nehmen. Idealerweise beginnen Sie daher bei der Mittagsmahlzeit mit der ersten Zugabe von Beikost. Zunächst sind es nur wenige Löffelchen, die Sie dem Kind anbieten. Idealerweise geben Sie ihm erst wie gewohnt ein paar Schlucke Milch zu trinken. Wenn der erste große Hunger überwunden ist, folgt dann das Löffelchen. Viele neugierige Münder öffnen sich ganz von allein, um zu kosten, was Mama da Leckeres serviert. Hat das Kind ein oder zwei Löffelchen gekostet, ist das bereits ein guter Erfolg. Führen Sie die Mahlzeit mit Milch fort, bis das Kind satt und zufrieden ist. Am nächsten Tag wird das Ganze wiederholt und am Folgetag ebenso. Bieten Sie dem Kleinen jeden Tag ein paar Löffel mehr an. Und zwar so lange, bis das Kind

auch ohne Milch, allein durch den Brei, satt geworden ist. Üblicherweise freuen sich die Kleinen über die kulinarische Abwechslung und lernen das Breiessen recht flott. Nach zwei Wochen braucht man in der Regel mittags schon keine Milch mehr. Es kann aber auch sein, dass sich Ihr kleiner Liebling noch nicht so richtig von Mamas Brust trennen mag. Auch das ist kein Problem. Geben Sie ihm die Zeit, die es braucht. Er soll von Beginn an lernen, dass Essen etwas Schönes ist und nicht unter Druck stattfindet.

Der erste Brei – so gelingt's

Löffel für Löffel essen lernen – das klingt schon einmal ganz gut. Doch was soll eigentlich serviert werden? Wie sieht er aus, der perfekte erste Brei? Folgendes sind einige Tipps dazu.

Klassiker: Möhren

Als Lernbrei wird seit jeher mit Möhrenbrei gearbeitet. Denn der Babydarm verträgt die orangefarbenen Rüben nicht nur besonders gut, sie schmecken zudem auch leicht süßlich und damit köstlich für den Kindergaumen. Suchen Sie am besten Freilandmöhren aus – sie schmecken besonders lieblich. Weil aber hin und wieder auch bittere Exemplare dazwischen sein können, sollten Sie sie vor der Verarbeitung probieren. Nehmen Sie für den Anfang zwei oder drei Möhren, die Sie schälen, in Wasser dünsten und

unter Zugabe eines Teelöffels Butter oder Rapsöl sehr fein pürieren. Die Konsistenz des Lernbreis sollte sehr dünnflüssig sein. Manche Mütter geben noch einen kleinen Schluck Apfelsaft hinzu, um den Geschmack noch milder und süßer zu machen, doch dies ist Geschmackssache. Da das Kind zunächst nur ein paar Löffel kosten wird, kann der restliche Brei bis zu zwei Tage im Kühlschrank gelagert werden.

Gläschen oder selbst gekocht?

Inzwischen gibt es in den Supermarktregalen eine nicht enden wollende Auswahl feinster Babybreie. Portionsweise in Gläschen verpackt und hergestellt mit einem bunten Mix ausgewählter, gesunder und oft biologisch streng kontrollierter Zutaten, sind solche „Fertiggerichte" schnelle und praktische Hilfen im manchmal hektischen Alltag mit Kind. Bei der Herstellung wird streng darauf geachtet, dass der Brei reich an Vitaminen ist und zu einer ausgewogenen Ernährung beiträgt. Dennoch schmeckt ein Gläschenbrei nie so wie sein selbst gekochtes Pendant. Denn frisch verarbeitete Zutaten haben einfach mehr Aroma und eine bessere Konsistenz. Wer selbst kocht, gewöhnt die Geschmacksnerven des Kindes außerdem von vornherein an das Aroma gesunden, frischen Essens. Vor allem bei der Umstellung von Gläschennahrung auf normale Kost kann dies von Vorteil sein. Abgesehen davon, macht das Kochen für die kleinen, hungrigen Mäuler Spaß und lässt sich meist leicht in den Alltag integrieren. Wer ohnehin für sich und seinen Partner kocht, hat immer etwas Gemüse, Kartoffeln oder ungewürztes Fleisch übrig, aus dem er fix einen Brei zaubern kann.

Besser bio

Gerade wenn der Verdauungstrakt des Kindes noch nicht vollständig entwickelt ist, empfiehlt es sich, auf biologisch hochwertige Lebensmittel zu setzen. Denn Gemüse aus biologischem Anbau ist frei von Rückständen aus Dünge- und Pflanzenschutzmitteln. Was viele nicht wissen: Auch in Ölen können Rückstände von Pflanzenschutzmitteln enthalten sein. Wer sicher gehen will, dass das Öl frei von solchen Zusätzen ist, verwendet entweder Bio-Öle oder verzichtet auf kaltgepresste Öle wie z. B. Olivenöl. Raffiniertes Rapsöl ist – jedenfalls unter diesem Gesichtspunkt – besser geeignet.

Wie viel ist genug?

In der Regel haben Babys ein gutes Sättigungsgefühl und hören auf zu essen, wenn sie satt sind. Dennoch sollten Eltern im Hinterkopf behalten, welche Mengen an Nahrungsmitteln ihr Sprößling zu sich nimmt, um die Entwicklung beobachten und einschätzen zu können. Etwa bis zum achten Monat liegt die empfohlene Menge pro Portion bei etwa 190 Gramm. Danach steigt sie bis zum ersten Geburtstag um etwa 40 bis 60 Gramm an. Aber vergessen Sie nicht: All das sind Richtwerte. Hat Ihr Kind mehr oder weniger Appetit, sollten Sie die Breimenge entsprechend anpassen.

Gewichtskontrolle?

Bis zum sechsten Lebensmonat verdoppelt das Baby sein Gewicht, bis zum ersten Geburtstag hat es sein Geburtsgewicht verdreifacht – so lautet die Faustregel für eine gesunde Kindesentwicklung. Auch im Untersuchungsheft des Kindes kann man nachsehen, ob es eine normale Entwicklung durchläuft. Eine Tabelle zeigt hier, wie viel Kilogramm das Kind in welchem Alter wiegen sollte. Seien Sie mit diesen Vorgaben aber nicht allzu pingelig. Jedes Kind entwickelt sich unterschiedlich. Manche haben mehr Appetit, andere haben weniger Hunger. Normalerweise genügen daher die Gewichtskontrollen im Rahmen der regelmäßigen Untersuchungen durch den Kinderarzt. Ein zusätzliches Wiegen ist eigentlich nur notwendig, wenn eine stark abweichende Entwicklung stattfindet.

Immer mehr erlaubt

Der erste Lernbrei ist ein reiner Gemüsebrei. Statt täglich pürierte Möhren zu servieren, können Sie auch andere milde Gemüsesorten wie beispielsweise Pastinaken oder Kürbis anbieten. Wenn es damit früher oder später gut funktioniert und Ihr Kind eine ganze Mittagsportion davon isst, können Sie den Speiseplan nach und nach erweitern und vielfältiger gestalten. So können Sie beispielsweise weitere Gemüsesorten ausprobieren oder verschiedene Sorten mischen. Sofern auch mit den neuen Rezepten alles gut klappt, können Sie einen Gemüse-Fleisch-Brei zubereiten und schließlich sogar ein vollwertiges Menü aus Gemüse, Fleisch und Kartoffeln oder Reis servieren.

Die zweite Breimahlzeit

Nun ist Ihr Kind schon ein ganzes Stück größer geworden – es ist ein richtiges Baby, das mittags zufrieden seinen Brei isst. Wenn es mit dem Mittagessen gut klappt, kann es mit dem Brei-Menü auch schon einen Schritt weiter gehen und Sie können versuchen, eine zweite Milchmahlzeit durch Brei zu ersetzen. In der Regel wird empfohlen, als zweiten Brei den Abendbrei einzuführen. Er ist gut sättigend und hilft vielen Kindern beim Durchschlafen. Allerdings ist es nicht zwingend, dass der Abendbrei der nächste Schritt ist. Einige Kinder brauchen noch das Fläschchen oder die Brust als Ritual zum besseren Einschlafen, sodass manche Mütter lieber noch nicht mit dem Abendbrei beginnen wollen. Stattdessen ist es auch möglich, den Nachmittags-

Glutenfrei fürs Baby?

In den letzten Jahren hat die glutenfreie Ernährung immer mehr an Popularität gewonnen. Gluten ist ein Klebereiweiß, das in einigen Getreideprodukten, vor allem aber in Weizen, vorkommt. In seltenen Fällen reagieren Menschen empfindlich auf Gluten. Diese Unverträglichkeit äußert sich dann in Krämpfen im Magen-Darm-Trakt, Durchfall, aber auch in Hautreaktionen und Müdigkeit. Besorgte Eltern plagt daher oft ein ungutes Gefühl, wenn sie ihren Kindern Getreidesorten anbieten, die Gluten enthalten. Zur Vorbeugung gegen eine Unverträglichkeit leistet aber nicht nur das Stillen im ersten Halbjahr einen wichtigen Beitrag, sondern auch das Füttern von glutenhaltigem Getreidebrei zwischen dem vierten und dem sechsten Monat. Trauen Sie sich also ruhig, denn so wird die Immunabwehr des Kindes aufgebaut. Zudem ist eine Zöliakie, also eine krankhafte Glutenunverträglichkeit, sehr selten.

brei als leichte Zwischenmahlzeit zu etablieren. Diese Breimahlzeit wird nach dem gleichen Ritual eingeführt, wie es zuvor mit dem Mittagsbrei geschehen ist: Löffel für Löffel und zunächst als Ergänzung zur Milchmahlzeit. Der Abendbrei ist grundsätzlich ein sogenannter Milchbrei. Genauer gesagt, handelt es sich hierbei um einen Getreidebrei, der mit Milch angerührt wird und so besonders kalorienhaltig und sättigend ist. Milch ist in den ersten Entwicklungsjahren des Kindes durchgehend ein wichtiges und wertvolles Nahrungsmittel. Etwa 150 bis 200 Milliliter sollte die tägliche Menge im Beikostalter betragen. Unsicherheit vieler Mütter besteht allerdings in der Wahl der Milchsorte. Soll es reine Kuhmilch sein, die man dem Kleinen gibt, oder setzt man lieber auf spezielle Kindermilchpräparate? Wie Sie sich entscheiden, ist letztlich reine Geschmackssache. Nach dem sechsten Monat verträgt der kindliche Darm Kuhmilch. Wer jedoch lieber Milchpulver oder abgepumpte Muttermilch für die Zubereitung des Abendbreis verwenden möchte, kann dies ebenso gut tun. Während das im Abendbrei enthaltene Getreide in den ersten vier Monaten noch nicht gut verdaut wird, liefert es dem heranwachsenden Kind nun eine wertvolle Energiequelle. Die komplexen Kohlenhydrate geben dem Körper Kraft, sättigen und unterstützen die Darmtätigkeit. Im Handel werden spezielle

Wasser marsch!

Nicht nur das Essen, sondern auch das Trinken ist wichtig. Zum reibungslosen Ablauf sämtlicher Vitalfunktionen ebenso wie zum Ausgleich von Flüssigkeitsverlusten, z. B. durch Schwitzen, ist ein konstanter Wasserhaushalt wichtig. Während Säuglinge noch über die Milch ausreichend Flüssigkeit bekommen, benötigen heranwachsende Kinder ab dem Beikostalter zusätzliche Flüssigkeit. Bieten Sie Ihrem Kind daher am besten regelmäßige, aber kleine Trinkmengen an. Hin und wieder ein Schlückchen ist besser als eine große Menge auf einmal. Aber nicht nur auf die Quantität, sondern auch auf die Qualität kommt es an: So sind Wasser und milde, ungesüßte Teesorten gesünder als Säfte oder Softdrinks. Denn hierin versteckt sich ein oft unterschätzter Zuckeranteil, der nicht nur unnötig Babyspeck fördert, sondern auch den Zähnen des Kindes schadet.

Flocken für die Babyernährung angeboten. Diese haben nicht nur den Vorteil, dass ihre Herkunft streng kontrolliert wird, sie quellen auch meist gut und schnell auf, sodass sich der Brei leichter löffeln lässt.

Fruchtiger Nachmittagsbrei

Wenn das Baby bereits zum Mittagessen und zum Abendbrot eine ganze Portion Brei verspeist, wird es satt und zufrieden sein. Sofern es mit diesen beiden Mahlzeiten gut funktioniert, kann man daher auf dem Speisezettel auch schon zur nächsten Stufe übergehen. Der Nachmittagsbrei ist der dritte Brei, den Eltern etwa bis zum zehnten Monat einführen sollten. Auch hier gilt: Diese Vorgaben sind le-

diglich Richtwerte. Wenn Ihr Kind etwa bereits im fünften Monat großen Appetit hat und mit Milch allein nicht zu sättigen ist, kann bereits jetzt mit drei Breimahlzeiten begonnen werden. Falls Ihr Kind hingegen nicht auf die Milch und die Kuscheleinheiten beim Stillen verzichten möchte, lässt man sich eben etwas länger Zeit. Das Kind bestimmt das Tempo am Tisch. Auch der Zeitpunkt der Einführung verschiedener Tagesmahlzeiten kann variieren. Wie bereits beschrieben, muss der Nachmittagsbrei nicht zwingend die dritte Breimahlzeit sein, die eingeführt wird, und man kann den Nachmittagsbrei auch vor dem Abendbrei als zweite Breimahlzeit anbieten.

Der Nachmittagsbrei ist grundsätzlich milchfrei. Er besteht aus Obst und in der Regel aus Getreide. Zwar kann diese Mahlzeit auch als reiner Obstbrei gegeben werden. Jedoch ist der Sättigungseffekt von Obst in der Regel nicht unbedingt anhaltend, weshalb das Untermischen von einigen Getreideflocken durchaus Sinn macht. Reiner Obstbrei eignet sich hingegen eher als kleiner Nachtisch nach dem Mittagessen. Welche Obstsorten Sie für die Zubereitung des Nachmittagsmahls verwenden, hängt in den ersten Wochen weniger von den kulinarischen Vorlieben Ihres Kindes als vielmehr von der Verträglichkeit der Obstsorten ab. Dabei gilt zu Beginn: Je milder, desto besser. Denn der Verdauungstrakt muss sich erst an die Säure im Obst gewöhnen. Heimische Sorten wie Äpfel, Birnen oder Pfirsiche eignen sich für die ersten Obstverkostungen daher besser als saure Zitrusfrüchte. Verarbeitet wird das Obst idealerweise im rohen Zustand. Denn durch das Erwärmen würden zu viele Vitamine zerstört. Achten Sie allerdings darauf, dass das Obst reif und weich genug ist, denn unreifes Obst kann starke Bauchschmerzen auslösen. Nach einer gründlichen Reinigung können Sie das Obst vor der Weiterverarbeitung getrost ungeschält lassen. Denn die Schale enthält wichtige Nährstoffe. Achten Sie aber darauf, dass sie gut püriert wird, um dem Kind das Essen zu erleichtern.

Und was ist mit Frühstück?

Nun gibt es schon mittags, nachmittags und am Abend einen köstlichen Brei für das Kleine. Auch die Milchmahlzeit zum Frühstück wird jetzt nach und nach durch „handfestere“ Kost ersetzt. Doch viele Mütter und Babys möchten ihre morgendliche Still- und Kuschelzeremonie eigentlich gar nicht so recht aufgeben. Schließlich ist es ungemein gemütlich, morgens im Bett mit dem Baby zu schmusen und ihm die Brust oder die Flasche zu geben. Für viele Kinder bildet dieses Ritual einen wertvollen Start in den Tag. Lassen Sie sich daher so viel Zeit, wie das Kind braucht, um auch morgens auf die Milch zu verzichten. Wenn es dann soweit ist, können Sie als Frühstücksbrei ebenfalls einen Milchbrei servieren. Auch ein Müsli mit Früchten oder/und Joghurt kann gegeben werden.

Wenn es mit dem Frühstücksbrei klappt, sollten Sie aber nicht vergessen, dass das Baby noch nicht allzu lange satt bleibt, und vom Frühstück bis zum Mittagessen vergeht eine lange Zeit. Viele Kinder haben daher am späteren Vormittag nochmals Hunger. Ein kleiner Snack, z. B. ein Obstbrei, ein Stück frisches Obst oder eine Scheibe weiches Brot, auf dem das Baby herumkauen und -lutschen kann, überbrücken die Zeit bis zur nächsten Hauptmahlzeit.

Am Tisch sitzen

Der kleine Erdenbürger kann es kaum abwarten, all die Dinge tun zu können, die auch die Erwachsenen tun. Dazu zählt auch das Sitzen am Esstisch. Lassen Sie das Kind daher mit der Familie am Tisch sitzen – in seinem eigenen, sicheren Stuhl. Die richtige Zeit dafür ist, sobald das Kind selbstständig etwa eine Minute allein aufrecht sitzen kann. Dann kann es sich mit einer entsprechenden Sicherung auch in einem Kinderhochstuhl halten und wird dabei im Sitzen immer geübter.

Mit den Zähnen kommt der Appetit

Viele Babys bekommen bereits vor dem ersten Geburtstag Besuch von der Zahnfee. In der Regel sind es zunächst die Schneidezähne, die durchbrechen. Die Backenzähne lassen sich hingegen oft Zeit bis zum zweiten Lebensjahr. Mit den Zähnen wächst nicht nur der Appetit des Kindes, sondern auch seine Neugier. So möchte es am liebsten auch all die interessanten Leckereien kosten, die die Erwachsenen zu sich nehmen. Und das darf es nun langsam auch – jedenfalls nach und nach. Auch wenn jetzt noch nicht alle Zähne da sind, lernt das Kind etwa ab dem zehnten Monat, festere Nahrung zu zermalmen. Das Essen, das Sie ihm servieren,

muss nun immer weniger fein püriert sein. Es darf nach und nach stückiger werden, damit das Kind zum Kauen angeregt wird. Oft genügt es, wenn Sie gekochtes Gemüse oder Kartoffeln nur noch mit der Gabel zerdrücken.
Auch der Umgang mit Besteck kann nun langsam und spielerisch geschult werden: Geben Sie Ihrem Kind einen stumpfen Plastiklöffel in die Hand und lassen Sie es damit experimentieren. Seine Koordination wird mit ständiger Übung immer besser werden. Doch Vorsicht: Noch beherrscht das Kind das Führen des Löffels zum Mund nur grobmotorisch, und es kann leicht passieren, dass es sich damit versehentlich ins Auge piekst. Lassen Sie das Kind daher nur unter Aufsicht mit Besteck hantieren. Und auch wenn es nicht gerade den Vorstellungen der Erwachsenen von einer feinen Tischkultur entspricht, sollte man das Kind ruhig hin

und wieder mit dem Essen „spielen“ lassen. Es ist ein natürlicher Drang des Kindes, seine Umwelt mit allen Sinnen zu erkunden. Das „Begreifen“ von Essen gehört auch dazu. Servieren Sie dazu doch hin und wieder Fingerfood, z. B. aufgeschnittenes Obst und Gemüse oder kleine Brotsnacks, die das Kind in aller Ruhe erkunden kann.

Schmerzen beim Zahnen

Der Besuch der Zahnfee bringt zwar allmählich viele neue Möglichkeiten mit sich, ist jedoch nicht immer angenehm. Schmerzen beim Zahnen können sehr belastend sein und manchmal sogar mit verschiedensten Problemen einhergehen. So leiden manche Kinder während des Zahnens an Durchfall und erhöhter Temperatur. Auch rotes und geschwollenes Zahnfleisch kommt nicht selten vor. Lassen Sie in diesem Fall Ihr Baby auf etwas Kühlem und Hartem kauen wie z. B. auf einem gekühlten Beißring. Das hilft gegen die Schwellung und den Juckreiz. Auch ein hartes Stück Brot oder eine gekühlte Apfelscheibe eignen sich hierfür sehr gut. Kühler Fruchtbrei oder kühler Joghurt helfen ebenfalls bei Schmerzen. Und auch ein gekühlter Metalllöffel kann schnelle Linderung bringen. Von dem oft empfohlenen Kauen auf Veilchenwurzeln raten viele Mediziner hingegen ab. Denn inzwischen ist bekannt, dass die über Wochen gekauten Wurzeln ein guter Nährboden für Krankheitserreger und Keime sind. Da das Immunsystem von Babys noch schwach ist, ist daher davon abzuraten.

Kochen für Kleinkinder

Spätestens nach der ersten Geburtstagsparty ist aus Ihrem Baby ein Kleinkind geworden. Ein neuer Abschnitt im Leben Ihres Kindes beginnt. Doch wohl kaum jemand ist auf das voranschreitende Wachstum so stolz wie der Nachwuchs selbst. In der Regel können es die meisten Kinder kaum abwarten, endlich groß zu werden. Jedenfalls, was ihren Speiseplan angeht, sind sie es jetzt auch schon ein Stückchen mehr. Denn für Kleinkinder gibt es, was die Ernährung angeht, fast keine Einschränkungen mehr. In diesem Alter sollten Kleinkinder die gesamte Geschmacksvielfalt unserer Nahrungsmittel kennenlernen. Umso wichtiger ist es deshalb, den Kleinen in dieser Phase gesunde und ausgewogene Ernährung schmackhaft zu machen.

Die Ernährungspyramide

Der gesunde Speiseplan für Ihr Kind unterscheidet sich eigentlich kaum von dem eines erwachsenen Menschen: Gesund ist die Kost dann, wenn sie reich an Vitaminen, Mineralstoffen und Ballaststoffen, jedoch arm an ungesunden Fetten, Salz, scharfen Gewürzen und Zucker ist. Eine gesunde Ernährung umfasst daher viel Gemüse, maßvolle Mengen an Obst, Vollkorn- und Milchprodukten sowie in dosierten Mengen (tierische) Eiweiße. Zwar sollte die Nahrungszusammenstellung von Kindern ebenso ausgewogen und abwechslungsreich sein wie die von Erwachsenen, im Vergleich zu ihren Eltern haben Kinder jedoch einen relativ erhöhten Kalorienbedarf. Schließlich braucht ihr kleiner Körper Kraft, um wachsen zu können. Wie Sie dies auf eine gesunde Weise bewerkstelligen, lesen Sie im Folgenden.

Wann wird gegessen?

Ein Kleinkind sollte – ebenso wie seine Eltern – drei Hauptmahlzeiten täglich zu sich nehmen. Das Frühstück, das Mittagessen und das Abendbrot werden dabei idealerweise mit der ganzen Familie oder wenigstens gemeinsam mit einem Elternteil eingenommen. Schließlich dient das Essen auch als geselliges Ritual, bei dem gelacht, gequatscht und ein familiäres Wohlgefühl erzeugt werden soll. Neben den drei Hauptmahlzeiten brauchen Kleinkinder zwei Zwischenmahlzeiten. Der kleine Magen und der höhere Kalorienbe-

darf machen es nötig, dass das Kind etwa alle drei Stunden etwas zu sich nimmt. Am Vormittag und am Nachmittag sollte daher eine kleine Zwischenmahlzeit vorgesehen sein. Diese sollte sättigen, ohne zu belasten. Gemüse- und Obststicks sind zwar gesunde Zwischenmahlzeiten, lassen sich aber nicht immer gut vorbereiten. Alternativ kann etwas Brot oder ein ungesüßter Joghurt gereicht werden.
Die regelmäßigen Mahlzeiten sollten jedoch nicht mit ständigem Essen verwechselt werden. Denn der Körper des Kindes benötigt Pausen, um seinen Insulinhaushalt in Balance halten und die zu sich genommenen Lebensmittel optimal verdauen zu können. Zudem gewöhnt man den Kleinen unnötige Marotten an, wenn man ihnen stündlich oder nur zur Beschäftigung etwas zum Essen anbietet. Dies könnte später zu Gewichtsproblemen führen.

Trinken nicht vergessen!

Trinken ist ebenso wichtig wie essen. Sechs Gläser Wasser pro Tag sollten es dabei für Kinder sein. Auch ungesüßter Tee ist ein guter und schmackhafter Flüssigkeitslieferant. Vorsicht ist jedoch bei Säften geboten: Durch ihren hohen Zuckergehalt sind sie eher ein flüssiger Ersatz für eine Zwischenmahlzeit als ein Durstlöscher. Möchte das Kind das Wasser nicht pur trinken, kann man es mit etwas Saft strecken, damit es schmackhafter wird. Doch auch das sollte nicht jedesmal gemacht werden. Denn wenn das Kind mit den Getränken über den Tag verteilt regelmäßig kleine Zuckermengen zu sich nimmt, könnten früher oder später seine Zähne darunter leiden.

Kohlenhydrate: wichtige Kraftpakete

Zu den wichtigsten Bausteinen der kindlichen Ernährung gehören komplexe Kohlenhydrate. Sie sind wichtige Energielieferanten, die beispielsweise die Muskeln brauchen, damit sie richtig arbeiten können. Aber auch das Gehirn benötigt Kohlenhydrate, um leistungsfähig zu sein. Vor allem kindliche Körper, die ständig wachsen, benötigen viele gute Kohlenhydrate. Als „gute“ Kohlenhydrate werden dabei solche verstanden, die vom Körper lang anhaltend genutzt werden können, anstatt den Insulinspiegel nur kurzfristig in die Höhe zu treiben, dann aber rasant wieder abfallen und so Heißhunger entstehen zu lassen. Lebensmittel mit „guten“ Kohlenhydraten sind vor allem Vollkornprodukte.

Bei Brot etwa sollten Sie dunkle Vollkornsorten bevorzugen. Denn helle Weißbrote oder Laugengebäck gehören zu den eher ungesunden Kohlenhydraten. Sie liefern kaum Nährstoffe, und auch die Sättigung hält nach dem Verzehr nicht lange an. Wer selbst Brot backt, sollte zudem auf die Mehltype achten: Je höher sie ist, desto mehr Mineralstoffe sind im Mehl vorhanden. Neben Vollkornbrot enthalten auch Müsli und Getreidebrei sättigende komplexe Kohlenhydrate. Doch Vorsicht: Gerade in fertigen Müslimischungen lauern oft versteckte Zuckerfallen. Der dabei häufig zugesetzte einfache Zucker ist zwar ebenfalls ein Kohlenhydrat, jedoch kein gesundes. Deshalb ist es wichtig, die Inhaltsstoffe auf der Zutatenliste ganz genau zu studieren. Sobald Sie auf ein Wörtchen mit der Endung „-ose" stoßen, sollten Sie das Müsli wieder ins Regal stellen, denn dann ist ihm Zucker zugesetzt worden.

Obst und Gemüse

Gemüse ist reich an Vitaminen, Mineralstoffen, Spurenelementen und Ballaststoffen. Daher gehört es ganz weit oben auf den kindlichen Speiseplan. Ebenso wie bei Erwachsenen sind auch bei Kindern fünf Portionen Gemüse pro Tag optimal. Die meisten Vitamine stecken dabei in rohem Gemüse. Bieten Sie ihrem Kind daher, so oft es geht, Rohkost an – und zwar gewaschen und mit Schale. Denn in ihr stecken die meisten Nährstoffe. Doch Vorsicht: Manche Gemüsesorten verursachen im rohen Zustand Bauchweh und Blähungen. Vor allem Kohlsorten sind nicht als Rohkost für empfindliche Kindermägen geeignet. Sofern Sie Gemüse als warme Mahlzeit zubereiten wollen, erhalten Sie die meisten Vitamine, wenn Sie das Gemüse schonend garen oder dämpfen, anstatt es bei hohen Temperaturen zu kochen. Lehnt Ihr Kind das gesunde Grünzeug ab, können Sie das Gemüse auch fein pürieren und als Grundla-

Vegetarisch für Kinder?

Es ist ein Vorurteil, dass vegetarisch essende Eltern nicht auch ihre Kinder vegetarisch ernähren können. Letztlich zählt schließlich nicht, woher die Nährstoffe stammen, sondern nur, dass sie in ausreichender Menge und Regelmäßigkeit gegessen werden. Wer sein Kind also ohne Fleisch ernähren möchte, gleicht den Verzicht einfach durch Nahrungsmittel mit einem hohen Gehalt an Eisen und Eiweiß aus, wie z. B. Tofu, Hülsenfrüchte oder Nüsse.

ge für eine Soße verwenden.In Bezug auf Obst sieht es da schon differenzierter aus. Denn inzwischen ist erwiesen, dass Fruchtzucker dem Haushaltszucker in puncto Kaloriengehalt in nichts nachsteht. Zucker ist Zucker, egal ob er von Schokolade oder von Früchten stammt. Im Gegensatz zu Schokolade, Kuchen und Co. liefert Obst zwar wichtige Vitamine und enthält deutlich weniger Fett als Süßigkeiten, dennoch sollte Obst den Kleinen mit Bedacht angeboten werden. Als kalorienärmere, gesündere Alternative zu ungesunden Süßigkeiten ist Obst perfekt, es sollte das Gemüse aber nicht ersetzen. Und auch bei Obst gilt: in der Schale stecken die meisten Ballaststoffe, Vitamine und Mineralien. Reichen Sie Apfel und Co. also immer mit Schale und achten Sie darauf, dass sie gründlich gewaschen wurden.

Fleisch: tierische Kraftquelle

Fleisch ist ein wichtiger Energie- und Mineralienlieferant. Allerdings weisen einige Fleischsorten neben ihrem hohen Eisen- und Eiweißgehalt auch eine große Menge an Fett auf. Wer seinem Kind etwas Gutes tun will, greift daher vor allem zu hellen Fleischsorten und weniger zu rotem Fleisch. Alternativ können Sie Ihrem Kind auch Fisch anbieten. Vor allem in Seefisch stecken wichtige Omega-3-Fettsäuren, die nachweislich die Hirnentwicklung unterstützen.

Alles in allem gilt jedoch, dass Fleisch nur in Maßen auf dem Speiseplan stehen sollte. So sollte Fleisch zwei- bis dreimal die Woche auf den Tisch kommen und Fisch mindestens einmal die Woche. Die restlichen Tage kann man stattdessen mit vegetarischen Gerichten experimentieren und den Proteinbedarf mit pflanzlichem Eiweiß aus Hülsenfrüchten decken.

Kleine Köche: Mitmachen erlaubt

Kinder lieben es, Erwachsene zu spielen. Dazu gehören auch Einkauf und Zubereitung von Speisen. Lassen Sie Ihr Kind daher ruhig beim Kochen mithelfen und kleinere, ungefährliche Aufgaben übernehmen wie etwa Salat zupfen, Gemüse waschen oder Gewürze zugeben. Erklären Sie, was Sie kochen und warum gesunde Lebensmittel so wichtig sind. Ihr Kind wird dabei nicht nur Spaß haben, sondern auch etwas über bewusste und gesunde Ernährung lernen.

Kinder brauchen Milch

Ebenfalls für gesundes Eiweiß sowie knochenstärkendes Kalzium sorgen Milch und Milchprodukte. Kuhmilch verträgt der Kindermagen nach dem ersten halben Jahr, spätestens aber zum ersten Geburtstag. Etwa 200 Milliliter Milch sollte ein Kind täglich zu sich nehmen. Das klingt zunächst nach einer großen Menge, doch bereits mit dem morgendlichen Müsli kann ein Großteil der benötigten Milchmenge abgedeckt werden. Wenn Sie dann noch ein kleines Glas Milch – oder auch einmal ausnahmsweise Kakao – zum Abendbrot reichen, liegt Ihr Kind absolut im Soll.
Die Finger sollte man von sogenannter Kindermilch lassen. Diese von der Lebensmittelindustrie mit Zusatzstoffen versetzte Milch beinhaltet viel Zucker und wenig Kalzium.

Clean Eating für die Kleinsten

Clean Eating ist derzeit der Ernährungstrend schlechthin. Bei dieser Ernährungsform geht es um „sauberes“, also unbehandeltes Essen. Verboten oder jedenfalls nur in sehr geringen Mengen erlaubt ist hierbei alles, was industriell verarbeitet wurde, besonders Fast Food, Fertiggerichte, raffinierter Zucker, Transfette, Farb- und Süßstoffe oder Weißmehl. Stattdessen nimmt man beim Clean Eating nur solche Nahrungsmittel zu sich, die natürlichen Ursprungs sind, wie Obst, Gemüse, fettarmes Fleisch, Fisch, unbehandelte Milch- und Vollkornprodukte oder Nüsse. Clean Eating ist jedoch nicht nur ein Ernährungskonzept, sondern ein echter Lebensstil, der eine bewusste Ernährung sowie den Genuss beim Essen fördern soll. Das Essen soll hierbei zelebriert werden – mit frischen Zutaten und selbst zubereiteten Speisen. Nicht nur beim Kochen sollte man sich dabei Zeit nehmen, sondern auch beim Einkaufen. Dabei achtet man genau auf die Inhaltsangaben der Produkte und sucht

Kinderlebensmittel: Was ist drin?

Spezielle Kinderlebensmittel locken mit bunten Verpackungen und vermeintlich gesundem Inhalt. Die Zutatenangaben sollten Sie dennoch genau prüfen. Denn nicht selten verstecken sich Zucker und Zusatzstoffe unter irreführenden Decknamen. Wer auf Nummer sicher gehen will, kocht selbst und verwendet dabei möglichst unverarbeitete Zutaten. So weiß man sicher, was drin ist.

nach gesunden Alternativen. Was auf den ersten Blick kompliziert klingt, ist letztlich nichts anderes als eine natürliche Form der gesunden Ernährung – und insofern auch etwas für unsere Kleinsten. Schließlich sollen auch sie lernen, natürliche von „künstlichen" Lebensmitteln zu unterscheiden und die Vorteile von frischen Lebensmitteln zu erkennen.

Übergewicht oder Babyspeck?

Babyspeck ist nicht nur drollig, sondern für das Baby auch enorm wichtig. Denn Ihr Kind braucht ihn, um eine Energiereserve für sein Wachstum zu haben. Daher nehmen Babys im ersten Lebensjahr fast 15 Prozent an Speck zu. Erst in den Folgejahren verflüchtigt sich der relativ hohe Babyspeckanteil – normalerweise von allein – wieder. Etwa

Naschen erlaubt

Bei aller Sorge um ein gesundes Gewicht sollte man das Naschen dennoch nicht gänzlich verbieten. Die eine oder andere Süßigkeit zwischendurch sollte auch Kindern erlaubt sein. Um jedoch einen maßvollen und gewissenhaften Umgang mit Schokolade und Co. zu lernen, sollten Sie Ihrem Knirps nicht nur die Folgen eines hohen Zuckerkonsums erklären, sondern auch einfache, aber klare „Süßigkeitenregeln" einführen. Beispielsweise können Sie feste Zeiten vereinbaren, an denen bestimmte Mengen an Süßigkeiten genascht werden dürfen.

ab dem fünften Lebensjahr ist er dann gänzlich verschwunden und die Kinder sind rank und schlank. Im dazwischenliegenden Zeitraum sind ein paar Kilos mehr zwar normal, dies ist aber noch lange kein Freifahrtschein zum wahllosen Futtern. Denn eine zu kalorienreiche Ernährung und Übergewicht sind gerade in jungen Jahren ungesund. Ein erhöhtes Risiko für Diabetes sowie ständige Gewichtsprobleme im Erwachsenenalter können ebenso die Folgen sein wie eine Fehlentwicklung der Knochen (z. B. X-Beine) und Gelenkprobleme. Von den sozialen Folgen, unter denen füllige Kinder im Kindergarten und später in der Schule zu leiden haben, ganz zu schweigen.

Übergewicht entsteht – bei den Kleinen ebenso wie bei den Großen – durch eine simple Tatsache: Wer mehr Kalorien zu sich nimmt, als er verbraucht, legt an Gewicht zu. Babys und Kleinkinder haben bereits aufgrund ihrer Entwicklung und des Wachstums einen hohen Energieverbrauch. Nehmen sie dennoch mehr zu sich, als der Energieverbrauch ausmacht, entsteht allmählich Übergewicht. Bei Babys wird vermutet, dass Flaschenmilch mit ihrem vergleichsweise hohen Eiweißanteil ein Grund für Übergewicht sein kann. Hinzu kommt, dass die Eltern manchmal versehentlich mehr Pulver als nötig in die Milch mischen und so unnötig viele Kalorien füttern. In Fragen der Ernährung ist jedoch vor allem Zucker eine häufige Ursache für Speckröllchen.

Aber wann ist ein Kind eigentlich zu dick? Während wir Erwachsene unseren Hosenbund als verlässlichen Parameter für überschüssige Kilos haben, sind Gewichtsschwankungen und kleine Speckpolster bei Babys und Kleinkindern durchaus normal. Von Übergewicht spricht man erst dann,

wenn das Kind wenigstens 20 Prozent mehr wiegt als altersüblich. Aufmerksam sollte man dann werden, wenn sich schon optisch ein deutlicher Gewichtsunterschied zu gleichaltrigen Kindern zeigt. Aber auch die Tabellen im Kinderpass geben Aufschluss über das jeweils ideale Gewicht. Im Zweifelsfalls sollten Sie Rücksprache mit einem Kinderarzt halten. Das Gleiche gilt für Untergewicht, das ebenfalls problematisch sein kann. Ein Expertenrat sollte also bei Auffälligkeiten – in die eine sowie in die andere Richtung – unbedingt eingeholt werden.

Gesunde Ernährungstipps für Kinder

Um unnötige Kalorien zu vermeiden und Ihrem Kind eine gesunde Ernährung zukommen zu lassen, gibt es unzählige Tipps. Folgende sind einige davon:

- **Flüssige Kalorienfallen:** Nicht nur der Körper, sondern vor allem auch das Gehirn braucht ausreichend Flüssigkeit, um gut funktionieren zu können. Achten Sie daher darauf, dass Ihr Kind viel trinkt – und zwar möglichst solche Getränke, die keine unnötigen Dickmacher enthalten. Stilles Wasser, ungesüßte Tees oder mit Wasser verdünnte Schorlen sind die „schlankeren" Alternativen zu zuckerhaltigen Fruchtsäften und Softdrinks.
- **Mama kocht am besten:** Wer selbst kocht, hat den besten Einfluss auf das, was auf den Teller kommt. Haben Sie nicht täglich Zeit zum Kochen, können Sie einfach

vorsorgen: Vorgekocht und eingefroren, macht Selbstgekochtes kaum Arbeit.

- **Fett – aber gesund:** Fett hat einen sehr hohen Kaloriengehalt. Achten Sie daher auf eine Ernährung, die nicht zu fett ist, vergessen Sie aber auch nicht, dass der Körper Fett als Energiequelle benötigt. Gesünder als viele Industriefette sind dabei sogenannte Omega-3-Fette. Sie kommen u. a. in Nüssen, Olivenöl und Fisch vor.
- **Genuss und Muße:** Längst haben Studien bewiesen, dass hastiges Essen das Sättigungsgefühl verkürzt. Gemächliches Essen mit ausreichender Muße und gründlichem Kauen ist daher nicht nur besser für die Figur, sondern fördert auch das Beisammensein in der Familie. Achten Sie auch bei Zwischenmahlzeiten darauf, dass Ihr Kind nicht schlingt, sondern ruhig isst und gründlich kaut. Statt einem schnell verputzten Brei oder Joghurt eignen sich z. B. Nüsse und Gemüse sehr gut als Snacks.
- **Je satter, desto schlanker:** Wer ständig Hunger hat, isst mehr und nimmt folglich schneller zu. Achten Sie daher darauf, dass Ihr Kind Lebensmittel isst, die das Sättigungsgefühl lange erhalten. Dazu zählen neben ballaststoffreicher Nahrung (z. B. Gemüse) vor allem auch Kohlenhydrate aus Vollkorn und Hülsenfrüchten.
- **Schlank getrickst:** Gemüse ist bei Kindern oft nicht sonderlich beliebt. Tarnen Sie das gesunde Grünzeug daher am besten so, dass es kaum auffällt. Unter Soßen oder Nudeln gemischt oder als bunter Smoothie ist Gemüse ebenso gesund, aber für die Kleinen oft schmackhafter.

- **Erst trinken, dann essen:** Kinder können Hunger und Durst oft nicht gut voneinander unterscheiden. Bieten Sie Ihrem Kind daher zunächst einen großen Schluck Wasser an. Oft hat sich der Hunger danach von allein erledigt oder der Appetit ist durch den gefüllten Magen zumindest ein wenig kleiner.

Wichtig: Bewegung

Bewegung ist für Kinder keine lästige Pflicht, sondern ein echtes Bedürfnis. Sie wollen spielen, toben und die Welt erkunden. Und genau das sollen sie auch – besonders, wenn sie ein paar Pfunde zu viel auf die Waage bringen. Unterstützen Sie Ihr Kind in seinem natürlichen Bewegungsdrang. Krabbelgruppen oder Baby- und Kleinkind-Schwimmkurse sind beispielsweise tolle Möglichkeiten, um Aktivität und Abenteuer miteinander zu verbinden. Aber auch Bewegungsspiele im Garten, regelmäßige Spielplatzbesuche und das Toben im Kinderzimmer bieten Möglichkeiten zur Bewegung. Idealerweise kommt dabei die ganze Familie gemeinsam auf Trab: Ein gesundes Körpergefühl und körperliche Auslastung sind schließlich nicht nur für Kinder, sondern auch für alle übrigen Familienmitglieder gesund.

Benimmregeln am Tisch

„Was Hänschen nicht lernt, lernt Hans nimmermehr." Diese alte Volksweisheit gilt wohl besonders für Benimm- und Höflichkeitsregeln. Wenn diese bereits im Kindesalter erlernt und als selbstverständlich empfunden werden, profitieren Eltern und Kind ein Leben lang davon. Es macht also Sinn, von Beginn an auf gute Tischsitten zu achten. Folgende Tipps helfen dabei.

Alle an einem Tisch

Im hektischen Alltag ist es zwar oft nicht möglich, die Mahlzeiten stets gemeinsam in der Familie einzunehmen, dennoch sollten Sie darauf achten, dass Ihr Kind nicht ganz allein essen muss. Wenigstens mit einem Familienmitglied zusammen sollte es seine Mahlzeiten genießen können. Denn während der gemeinsamen Mahlzeit lernen Kinder

von ihren Eltern, wie man mit Nahrungsmitteln umgeht, wodurch die wichtigsten Ernährungsgewohnheiten implementiert und gefestigt werden.
Ideal ist es außerdem, wenn man mindestens eine feste Mahlzeit pro Woche mit der ganzen Familie einführt. Das Sonntagsessen etwa ist hierfür ein beliebtes Ritual. Nach Belieben können Sie dafür auch mal etwas Besonders und Außergewöhnliches servieren. So lernt das Kind, ein „Festessen“ von einem normalen Essen zu unterscheiden.

Gemeinsamer Beginn

Erst wenn alle etwas auf dem Teller haben, wird angefangen zu essen. Dies erfordert zwar etwas Geduld, dennoch sollten Eltern bei dieser Regel konsequent sein. Spielerische Rituale helfen dabei. Ein Klassiker hierfür ist das gemeinsam gesprochene Gebet oder ein kurzer Reim.

Darf ich aufstehen?

Auch das Beenden des Essens findet gemeinsam statt - und zwar dann, wenn der Letzte aufgegessen hat. Dies gilt übrigens nicht nur für die Kleinen. Auch die Eltern sollten ein Vorbild sein und nicht aufstehen, bevor das Kind zu Ende gegessen hat. Denn Kinder lernen am Vorbild ihrer Eltern - sowohl die guten als auch die schlechten Manieren. Dennoch sollten Eltern nicht vergessen, dass Kinder ein anderes Zeitgefühl haben. Verlangen Sie daher nicht von Ihrem Kind, stundenlang am Tisch zu sitzen. Ein kurzes, aber genussvolles Essen ist für Kinder attraktiver.

Trinkgewohnheiten

Das normale Getränk am Tisch sollte Wasser sein. Genussgetränke wie Limonade oder Saft gehören nicht in den Alltag, sondern maximal zum Sonntagsessen. Kinder sollten das von Beginn an verinnerlichen.

Reden beim Essen?

Dass man nicht mit vollem Mund spricht, ist selbstverständlich. Dennoch ist die gemeinsame Mahlzeit eine wichtige Zeit für Gespräche. Schaffen Sie daher eine Atmosphäre, die angenehme Familiengespräche zulässt. Konkret bedeutet das: Musik läuft - wenn überhaupt - nur leise im Hintergrund, der Fernseher ist aus, ebenso wie Spielekonsolen und andere ablenkende Geräte. Wenn Sie das möch-

ten, können Sie auch den Tisch hübsch decken, um das Ambiente noch gemütlicher zu machen. Im Alltag muss es nicht aufwendig sein. Ein schönes Tischset und Servietten machen nicht viel Arbeit, schaffen dafür aber einen besonderen Rahmen für die gemeinsame Mahlzeit.

Probieren geht über Studieren

Kinder sind in den ersten Jahren neugierig und wollen alles probieren. Lassen Sie Ihr Kind daher ruhig auch mal vom eigenen Teller kosten und seinen Geschmack weiterentwickeln. Außer bei Alkohol gibt es hierbei keine Einschränkungen. Wenn das Kind erst einmal seinen eigenen Geschmack entwickelt hat und außer seinem Lieblingsessen vieles gar nicht erst versuchen möchte, sollte die Probierregel ebenfalls gelten: Bevor das Kind ein Lebensmittel oder Gericht ablehnt, sollte es dieses mindestens einmal gekostet haben. Am besten geht man hier mit gutem Beispiel voran und lebt seinem Kind eine offene und neugierige Einstellung zu unbekannten Lebensmitteln vor.

Gut portioniert

Bei Kindern sind die Augen oft größer als der Magen. Sie können noch nicht einschätzen, welche Portionsgröße für sie die richtige ist, und sind daher auf die Mithilfe ihrer Eltern angewiesen. Kleine Portionen, die sich leicht verspeisen lassen, ersparen den Eltern nicht nur Ärger, Kinder mögen sie sogar oft lieber als randvolle Teller. Wer anschließend noch Hunger hat, kann sich immer noch nachnehmen.

Rezepte ausprobieren

Auch Eltern sollten stets neugierig und experimentierfreudig bleiben. Schließlich gibt es für Eltern und Kinder nichts Langweiligeres, als wenn immer dasselbe auf den Teller kommt. Einige leicht zuzubereitende Rezepte, die es sich lohnt auszuprobieren, finden Sie im folgenden Rezeptteil. Mit diesen Gerichten erleben Sie garantiert viele genussvolle gemeinsame Momente am Tisch und sorgen für eine abwechslungsreiche und gesunde Ernährung Ihres Kindes. Viel Vergnügen beim Kochen für die Kleinsten und Ihrem Kind einen guten Appetit!

5–7 Monate

Zwischen dem 5. und dem 7. Monat kann langsam mit der Beikost begonnen werden. Ob Gemüsebrei oder Milch-Getreide-Brei, hier finden Sie viele Anregungen für Babys erste Brei-Mahlzeit wie Pastinakenbrei oder Haferbrei mit Birne.

Avocado-Kartoffel-Brei

Zubereitungszeit: ca. 25 Min. · **Für 2 Portionen:**

400 g Kartoffeln

1 Avocado

Zubereitung:

Kartoffeln schälen, waschen und würfeln. In einen Topf geben und knapp mit Wasser bedeckt zum Kochen bringen. Zugedeckt ca. 10–15 Minuten gar kochen. Avocado halbieren und entkernen. Fruchtfleisch mit einem Löffel entnehmen und zu den Kartoffeln geben. Mit dem Stabmixer zu einem feinen Brei pürieren. Eine Portion sofort servieren. Die andere Portion kann im Kühlschrank einen Tag aufbewahrt werden.

Möhren-Kartoffel-Apfel-Brei

Zubereitungszeit: ca. 30 Min. · **Für ca. 8 Portionen:**

1 kg Möhren
500 g Kartoffeln
200 g Äpfel
Rapsöl

Zubereitung:

Möhren und Kartoffeln schälen, waschen und würfeln. In einen Topf geben und mit 500 Milliliter Wasser zum Kochen bringen. Äpfel waschen, halbieren, Kerngehäuse entfernen und klein würfeln. Nach ca. 10 Minuten Kochzeit mit in den Topf geben und weitere ca. 5 Minuten kochen lassen. Alles mit dem Stabmixer zu einem feinen Brei pürieren. Eine Portion sofort servieren. Restlichen Brei abkühlen lassen und portionsweise einfrieren. Vor dem Verfüttern jeder Portion jeweils 1 Teelöffel Rapsöl zufügen.

Apfel-Schmelzflocken

Zubereitungszeit: ca. 10 Min. · **Für 1 Portion:**

2 Äpfel

4 EL Schmelzflocken

Zubereitung:

Äpfel waschen, halbieren, Kerngehäuse entfernen und Fruchtfleisch klein würfeln. In einen Topf geben und mit etwas Wasser ca. 5 Minuten weich dünsten. Topf vom Herd nehmen und Schmelzflocken einrühren. Kurz quellen lassen und alles fein pürieren.

Zwieback-Bananen-Brei

Zubereitungszeit: ca. 10 Min. · **Für 1 Portion:**

2 Scheiben Baby-Zwieback

1 kleine Banane

Butter nach Belieben

Zubereitung:

1. 200 Milliliter Wasser erhitzen. Baby-Zwieback damit übergießen und kurz ziehen lassen. Banane schälen, klein schneiden und zufügen. Mit dem Stabmixer fein pürieren.

2. Für ein feines Aroma kann noch etwas Butter zugefügt werden.

Kürbisbrei

Zubereitungszeit: ca. 30 Min. · **Für ca. 8 Portionen:**

1 kg Hokkaidokürbis
500 g Kartoffeln
3 EL Orangensaft, Rapsöl

Zubereitung:

Kürbis waschen, entkernen und in kleine Würfel schneiden. Kartoffeln schälen, waschen und würfeln. Gemüse in einen Topf geben und mit ca. 300 Milliliter Wasser zugedeckt zum Kochen bringen. Ca. 15 Minuten köcheln lassen. Topf vom Herd nehmen. Orangensaft zufügen und alles mit dem Stabmixer fein pürieren. Eine Portion sofort servieren. Restlichen Kürbisbrei abkühlen lassen und portionsweise einfrieren. Vor dem Verfüttern jeder Portion jeweils 1 Teelöffel Rapsöl zufügen.

Hafer-Apfel-Brei

Zubereitungszeit: ca. 10 Min. · **Für 1 Portion:**

200 ml Vollmilch
3 gehäufte EL Schmelzflocken
½ Apfel
½ Banane

Zubereitung:

1. Milch und Schmelzflocken in einen Topf geben und zum Kochen bringen. Apfel waschen, Kerngehäuse entfernen und fein reiben. Banane schälen und mit der Gabel fein zerdrücken.

2. Geriebenen Apfel und Banane mit in den Topf geben und zu einem feinen Brei verrühren.

Haferbrei mit Blumenkohl

Zubereitungszeit: ca. 30 Min. · **Für 1 Portion:**

100 g Blumenkohl
50 g Kartoffeln
1 EL Haferflocken
1 EL Baby-Apfelsaft
1 EL Rapsöl

Zubereitung:

Blumenkohl putzen, waschen und in kleine Röschen teilen. Kartoffeln schälen, waschen und würfeln. Gemüse in einen Topf geben und mit ca. 150 Milliliter Wasser zugedeckt zum Kochen bringen. Ca. 10–15 Minuten gar kochen. Haferflocken zugeben und weitere ca. 3 Minuten unter ständigem Rühren köcheln lassen. Topf vom Herd nehmen, kurz abkühlen lassen. Apfelsaft und Öl zufügen und mit dem Stabmixer alles fein pürieren.

Haferbrei mit Birne

Zubereitungszeit: ca. 10 Min. · **Für 1 Portion:**

1 kleine reife Birne *200 ml Vollmilch* *2 EL Haferflocken*

Zubereitung:

1. Birne waschen, schälen und Kerngehäuse entfernen. Auf einer Reibe grob raspeln. Milch in einem Topf zum Kochen bringen. Haferflocken zugeben und unter ständigem Rühren ca. 2–3 Minuten kochen lassen.

2. Topf vom Herd nehmen und Birnenraspeln zufügen. Mit dem Stabmixer fein pürieren.

Pastinakenbrei

Zubereitungszeit: ca. 15 Min. · **Für 1 Portion:**

150 g Pastinaken

1 TL Rapsöl

Zubereitung:

Pastinaken putzen, schälen und waschen. In kleine Würfel schneiden und in einen Topf geben. Mit 30 Milliliter Wasser zum Kochen bringen und bei geringer Hitze ca. 5–10 Minuten gar kochen. Topf vom Herd nehmen, kurz abkühlen lassen. Öl zufügen und mit dem Stabmixer alles fein pürieren.

Fenchel-Möhren-Kartoffel-Brei

Zubereitungszeit: ca. 25 Min. · **Für ca. 5 Portionen:**

1 Fenchelknolle
4 mittelgroße Möhren
200 g Kartoffeln
50 g Butter

Zubereitung:

1. Fenchel waschen, putzen und in kleine Stücke schneiden. Möhren putzen, schälen und in Scheiben schneiden. Kartoffeln schälen, waschen und würfeln.

2. Gemüse in einen Topf geben, Butter zufügen und etwas andünsten. 250 Milliliter Wasser zufügen und bei geringer Hitze ca. 15 Minuten köcheln lassen. Mit dem Stabmixer fein pürieren.

Zucchini-Möhren-Brei

Zubereitungszeit: ca. 15 Min. · **Für 1 Portion:**

100 g Möhren *100 g Zucchini* *1 EL Keimöl*

Zubereitung:

Möhren und Zucchini putzen, waschen und in kleine Würfel schneiden. Gemüse in einen Topf geben und mit wenig Wasser ca. 10 Minuten weich dämpfen. Topf vom Herd nehmen, Keimöl zufügen und alles mit dem Stabmixer pürieren.

Brokkoli-Kartoffel-Brei

Zubereitungszeit: ca. 30 Min. · **Für 1 Portion:**

100 g Brokkoli *50 g Kartoffeln* *1 EL Keimöl*

Zubereitung:

1. Brokkoli putzen, waschen und in kleine Röschen teilen. Kartoffeln schälen, waschen und würfeln. Kartoffeln in einen Topf geben und mit ca. 150 Milliliter Wasser zum Kochen bringen.

2. Zugedeckt ca. 10 Minuten gar kochen. Brokkoli zugeben und weitere ca. 10 Minuten garen. Topf vom Herd nehmen, Keimöl unterrühren und alles mit dem Stabmixer fein pürieren.

7–12 Monate

Ab dem 7. Monat darf der Brei schon fester werden, und ab dem 8. Monat geht es dann richtig los mit fester Nahrung. Von Grießbrei über Couscous bis zu Risotto gibt es jede Menge Gerichte zu entdecken, die dem kleinen Liebling bestimmt schmecken werden.

Blumenkohl-Kartoffel-Brei

Zubereitungszeit: ca. 25 Min. · **Für ca. 8 Portionen:**

1 kg Blumenkohl
500 g Kartoffeln
300 ml ungesüßter Baby-Fencheltee
Butter
Schnittlauchröllchen

Zubereitung:

Blumenkohl putzen, waschen und in kleine Röschen teilen. Kartoffeln schälen, waschen und würfeln. Gemüse in einen Topf geben und mit Fencheltee übergießen. Zum Kochen bringen und in ca. 15 Minuten gar kochen. Mit dem Stabmixer pürieren. Eine Portion sofort servieren. Restlichen Brei abkühlen lassen und portionsweise einfrieren. Vor dem Verfüttern jeder Portion jeweils 1 Teelöffel Butter und nach Belieben einige Schnittlauchröllchen zufügen.

Brokkoli-Kartoffel-Lachs-Brei

Zubereitungszeit: ca. 25 Min. · **Für 1 Portion:**

120 g Brokkoli
80 g Kartoffeln
20 g Lachsfilet, küchenfertig
1 TL Rapsöl

Zubereitung:

1. Brokkoli putzen, waschen und in kleine Röschen teilen. Kartoffeln schälen, waschen und würfeln. Gemüse in einen Topf geben und 100 Milliliter Wasser zufügen. Ca. 15 Minuten gar kochen.

2. In einem zweiten Topf Lachs in wenig Wasser gar kochen. Gemüse mit Kochwasser und Lachs mit dem Stabmixer pürieren und 1 Teelöffel Rapsöl unterrühren.

Kohlrabi-Möhren-Kartoffel-Brei

Zubereitungszeit: ca. 25 Min. · **Für ca. 7 Portionen:**

500 g Kohlrabi
500 g Möhren
500 g Kartoffeln
Rapsöl

Zubereitung:

Kohlrabi und Möhren putzen, schälen, waschen und würfeln. Kartoffeln schälen, waschen und würfeln. Gemüse in einen Topf geben und knapp mit Wasser bedecken. Zum Kochen bringen und ca. 15 Minuten gar kochen. Mit dem Stabmixer pürieren. Eine Portion sofort servieren. Restlichen Brei abkühlen lassen und portionsweise einfrieren. Vor dem Verfüttern jeder Portion jeweils 1 Teelöffel Rapsöl zufügen.

Polenta-Bananen-Brei

Zubereitungszeit: ca. 10 Min. · **Für 1 Portion:**

200 ml Vollmilch | *3 EL Polenta* | *1 Banane*

Zubereitung:

1. Milch in einem Topf zum Kochen bringen. Polenta einrühren und unter Rühren einige Minuten quellen lassen.

2. Banane schälen und mit einer Gabel fein zerdrücken. Banane unter die Polenta rühren. Ist der Brei noch zu fest, etwas Milch zugeben.

Grießbrei

Zubereitungszeit: ca. 10 Min. · **Für 1 Portion:**

200 ml Vollmilch
3 EL Weichweizengrieß
Obst zum Dekorieren

Zubereitung:

Milch in einem Topf zum Kochen bringen. Grieß einrieseln lassen und ca. 3 Minuten unter Rühren kochen. Vom Herd nehmen und kurz quellen lassen. In ein Schälchen füllen und nach Belieben mit Obst verzieren.

Nudel-Zucchini-Möhren-Brei

Zubereitungszeit: ca. 25 Min. · **Für ca. 5 Portionen:**

200 g Vollkornnudeln
1 Zucchini, 3 Möhren
1 Dose geschälte Tomaten (ungewürzt)
Rapsöl

Zubereitung:

1. Nudeln nach Packungsanweisung – ohne Salz - kochen. Zucchini und Möhren putzen, schälen und würfeln. Gemüse in einen Topf geben, knapp mit Wasser bedecken und ca. 10–15 Minuten bissfest kochen. Tomaten zugeben und nochmals kurz aufkochen lassen.

2. Nudeln und Gemüse mit dem Stabmixer pürieren. Eine Portion sofort servieren. Restlichen Brei abkühlen lassen und portionsweise einfrieren. Vor dem Verfüttern jeder Portion jeweils 1 Teelöffel Rapsöl zufügen.

Fenchel-Kartoffel-Lachs-Brei

Zubereitungszeit: ca. 25 Min. · **Für 2 Portionen:**

120 g Fenchelknolle
120 g Möhren
120 g Kartoffeln
40 g Lachsfilet
Rapsöl

Zubereitung:

Fenchel waschen, putzen und klein schneiden. Möhren und Kartoffeln schälen und klein schneiden. Lachsfilet waschen und würfeln. Gemüse in einen Topf geben und knapp mit Wasser bedeckt zum Kochen bringen. Nach ca. 10 Minuten Lachswürfel zugeben und weitere ca. 5 Minuten kochen. Pürieren und eine Portion sofort servieren. Restlichen Brei im Kühlschrank bis zum nächsten Tag aufbewahren. Vor dem Verfüttern jeweils 1 Teelöffel Rapsöl zufügen.

Möhren-Zucchini-Risotto

Zubereitungszeit: ca. 20 Min. · **Für ca. 7 Portionen:**

400 g Reis
400 g Möhren
400 g Zucchini
250 g TK-Erbsen
Kräuter nach Belieben
Rapsöl

Zubereitung:

Reis nach Packungsanweisung kochen. Möhren und Zucchini waschen und würfeln. Möhren in einem Topf mit reichlich Wasser bedeckt zum Kochen bringen und ca. 5 Minuten köcheln lassen. Zucchini und Erbsen zugeben und weitere ca. 5 Minuten bissfest kochen. Gemüse über einem Sieb abgießen und Kochflüssigkeit auffangen. Gemüse mit Reis vermischen und so viel Kochflüssigkeit zufügen, bis ein sämiges Risotto entsteht. Kräuter nach Belieben zugeben. Risotto bis auf eine Portion abkühlen lassen und portionsweise einfrieren. Vor dem Verfüttern jeder Portion jeweils 1 Teelöffel Rapsöl zufügen.

Süßkartoffel-Erbsen-Brei

Zubereitungszeit: ca. 20 Min. · **Für ca. 5 Portionen:**

250 g Süßkartoffeln
400 g TK-Erbsen
50 g zarte Haferflocken
1 große Orange
Rapsöl

Zubereitung:

1. Süßkartoffeln schälen, waschen und in kleine Stücke schneiden. In einen Topf geben und knapp mit Wasser bedeckt zum Kochen bringen. Zugedeckt ca. 10 Minuten gar kochen. In einem weiteren Topf 200 Milliliter Wasser zum Kochen bringen. Erbsen und Haferflocken zugeben und ca. 5–6 Minuten garen.

2. Orange halbieren, auspressen und 100 Milliliter Saft beiseitestellen. Kartoffeln zur Erbsen-Haferflocken-Mischung geben, Orangensaft zufügen und mit dem Kartoffelstampfer zu einem sämigen Brei zerdrücken. Eine Portion sofort servieren.

3. Restlichen Süßkartoffel-Erbsen-Brei abkühlen lassen und portionsweise einfrieren. Vor dem Verfüttern jeder Portion jeweils 1 Teelöffel Rapsöl zufügen.

Kürbis-Möhren-Kartoffel-Brei

Zubereitungszeit: ca. 20 Min. · **Für 1–2 Portionen:**

¼ Hokkaidokürbis
1 große Möhre
2 Kartoffeln
½ Dose Tomaten
Rapsöl

Zubereitung:

Kürbis waschen, entkernen und klein schneiden. Möhre und Kartoffeln schälen, waschen und würfeln. Gemüse in einen Topf geben und knapp mit Wasser bedeckt zum Kochen bringen. Ca. 10–15 Minuten bissfest köcheln lassen. Tomaten zufügen und alles mit dem Stabmixer pürieren. Nochmals kurz aufkochen lassen. Vor dem Verfüttern jeder Portion jeweils 1 Teelöffel Rapsöl zufügen. Der Kürbis-Möhren-Kartoffel-Brei kann 1 Tag im Kühlschrank aufbewahrt werden.

Rote-Bete-Kartoffel-Brei

Zubereitungszeit: ca. 25 Min. · **Für 1–2 Portionen:**

125 g Kartoffeln
150 g Rote Bete
4 EL Sonnenblumenkerne
1 kleine Orange

Zubereitung:

Kartoffeln und Rote Bete schälen, waschen und würfeln. Gemüse in einen Topf geben und ca. 100 Milliliter Wasser zufügen. Zum Kochen bringen und ca. 10 Minuten garen. Sonnenblumenkerne im Mixer fein mahlen. Orange halbieren und auspressen. Orangensaft und gemahlene Sonnenblumenkerne zum Gemüse geben und mit dem Stabmixer pürieren. Nochmals kurz aufkochen lassen und eventuell noch etwas Wasser zugeben. Eine Portion sofort servieren. Restlichen Rote-Bete-Kartoffel-Brei abkühlen lassen und portionsweise einfrieren.

Gemüse mit Würstchen

Zubereitungszeit: ca. 20 Min. · **Für 2 Portionen:**

4 Möhren, 4 mehligkochende Kartoffeln

1 kleines Würstchen

1 EL Butter

Petersilie

Zubereitung:

Möhren und Kartoffeln schälen, waschen und würfeln. In einen Topf geben und knapp mit Wasser bedeckt zum Kochen bringen. Ca. 10–15 Minuten bissfest köcheln lassen. Würstchen in der Pfanne erwärmen. Gemüse über einem Sieb abgießen, in ein Schälchen geben und mit Butter verfeinern. Nach Belieben mit einer Gabel zerdrücken. Würstchen in kleine Scheiben bzw. Stücke schneiden. In 2 Portionen teilen und mit Petersilie garniert servieren.

Süßer Couscous mit Heidelbeeren

Zubereitungszeit: ca. 10 Min. · **Für 1 Portion:**

2 EL Couscous
einige Heidelbeeren
2 EL Apfelsaft
1 TL Rapsöl

Zubereitung:

1. In einem kleinen Topf 90 Milliliter Wasser aufkochen. Couscous einrühren und zugedeckt ca. 3–5 Minuten quellen lassen.

2. Heidelbeeren waschen und trocken tupfen. Couscous mit Apfelsaft und Öl vermischen und mit dem Stabmixer pürieren. Wenn der Brei noch zu fest ist, etwas Apfelsaft zugeben. Mit Heidelbeeren garnieren.

12–24 Monate

Ab dem 12. Monat ist die Zeit gekommen, dass sich Ihr Kind an regelmäßige Essenszeiten gewöhnt hat und zusammen mit der ganzen Familie am Tisch mitessen kann. Extra Babynahrung gehört nun der Vergangenheit an, und die folgenden kindgerechten Gerichte schmecken auch den Großen gut.

Gemüse-Hackbällchen-Gulasch

Zubereitungszeit: ca. 20 Min. · **Für 2 Portionen:**

3 große Kartoffeln *1 große Möhre, Brühe* *150 g Putenhackfleisch*

Zubereitung:

Kartoffeln und Möhre schälen, waschen und in Stücke schneiden. Gemüse in einen Topf geben und knapp mit Brühe bedeckt zum Kochen bringen. Ca. 10–15 Minuten bissfest köcheln lassen. In einem weiteren Topf ausreichend Wasser aufkochen. Hackfleisch zu kleinen Bällchen formen. In das kochende Wasser geben und bei geringer Hitze ca. 15 Minuten gar ziehen lassen. In einem Sieb abgießen. Hackfleischbällchen zum Gemüse geben und servieren.

Pellkartoffel mit Quark

Zubereitungszeit: ca. 25 Min. · **Für 1 Portion:**

2 Kartoffeln
Salz
Kräuter nach Belieben
250 g Magerquark
1 TL Leinöl
Kräutersalz

Zubereitung:

1. Kartoffeln in ausreichend Salzwasser ca. 15-20 Minuten gar kochen. Kräuter waschen, trocken schütteln und fein hacken.

2. Quark mit Leinöl und Kräutern vermischen und mit etwas Kräutersalz abschmecken. Kartoffeln abgießen, schälen und mit Quark anrichten.

Kartoffelsuppe

Zubereitungszeit: ca. 25 Min. · **Für 1–2 Portionen:**

500 g mehligkochende Kartoffeln
2 Möhren
1 Zwiebel
1 Knoblauchzehe
1 TL Olivenöl
2 TL Gemüsebrühepulver
75 g Sahne
Croûtons nach Belieben

Zubereitung:

1. Kartoffeln und Möhren schälen, waschen und in Würfel schneiden. Zwiebel und Knoblauch schälen und fein hacken.

2. Olivenöl in einem Topf erhitzen und Zwiebel und Knoblauch darin andünsten. Kartoffeln und Möhren zugeben und knapp mit Wasser bedecken. Gemüsebrühepulver einrühren und alles ca. 15 Minuten köcheln lassen.

3. Mit dem Stabmixer pürieren und mit Sahne verfeinern. Kartoffelsuppe nach Belieben mit Croûtons garniert servieren.

Croûtons selber machen

Croûtons lassen sich ganz einfach selber machen. Hierfür 2 Toastscheiben in Würfel schneiden und mit 1 Esslöffel Olivenöl in der Pfanne knusprig anbraten. Anschließend kann man die Croûtons ganz nach Belieben würzen, z. B. mit Kräutersalz oder Currypulver.

Apfelmusbrötchen

Zubereitungszeit: ca. 45 Min. (+ 2 Std. Gehzeit)

Für ca. 10 Portionen:

500 g Mehl
200 ml lauwarme Milch
150 g ungezuckertes Apfelmus
½ Würfel Hefe, Salz
Rosinen nach Belieben

Zubereitung:

1. Alle Zutaten (bis auf die Rosinen) in eine Schüssel geben und ca. 10 Minuten kräftig durchkneten. Abgedeckt an einem warmen Ort ca. 2 Stunden ruhen lassen.

2. Backofen auf 180 °C (Umluft: 160 °C) vorheizen. Backblech mit Backpapier auslegen. Wenn sich das Volumen des Teigs verdoppelt hat, nochmals kräftig durchkneten. Nach Belieben Rosinen unterkneten. Aus dem Teig Brötchen oder Schnecken formen.

3. Brötchen mit ausreichend Abstand auf das Backpapier legen und im vorgeheizten Backofen ca. 30 Minuten backen.

Selbst gemachtes Apfelmus

Wer möchte, kann das Apfelmus auch selbst herstellen. Hierfür 1 Kilogramm Äpfel schälen, entkernen, in Stücke schneiden und mit ca. 100 Milliliter Wasser und einem Esslöffel Zitronensaft aufkochen. Äpfel ca. 10 Minuten köcheln lassen und anschließend mit dem Stabmixer pürieren. Mit 1 Prise Zimt und Vanille abschmecken und in Schraubgläser abfüllen.

Nudeln mit Bolognesesoße

Zubereitungszeit: ca. 25 Min. · **Für 2–3 Portionen:**

400 g Motivnudeln, Salz
400 g Möhren, 1 EL Öl
200 g Hackfleisch
1 Dose stückige Tomaten
2 EL Schnittlauchröllchen

Zubereitung:

Nudeln nach Packungsanweisung in Salzwasser gar kochen und über einem Sieb abgießen. Möhren schälen, klein schneiden, in einen Topf geben und mit Wasser bedeckt zum Kochen bringen. Ca. 10 Minuten bissfest garen und über einem Sieb abgießen. Öl in einer Pfanne erhitzen und Hackfleisch krümelig anbraten, Tomaten und Möhren zufügen, umrühren und kurz mitbraten. Nudeln mit Bolognesesoße auf Tellern anrichten und mit Schnittlauch bestreut servieren.

Bananenkekse

Zubereitungszeit: ca. 30 Min. · **Für ca. 15 Stück:**

2 reife Bananen
150 g Haferflocken
einige Rosinen oder Trockenobst nach Belieben

Zubereitung:

1. Backofen auf 180 °C (Umluft: 160 °C) vorheizen. Backblech mit Backpapier auslegen. Bananen schälen und mit einer Gabel zerdrücken. Bananenmus mit Haferflocken vermischen. Rosinen oder Trockenobst unterheben.

2. Aus der Masse kleine Kugeln formen und mit ausreichend Abstand auf das Backpapier legen. Kugeln etwas platt drücken und im vorgeheizten Backofen ca. 20–25 Minuten backen.

Buchstabensuppe

Zubereitungszeit: ca. 25 Min. · **Für 1 Portion:**

3 Möhren
3 Kartoffeln
6 Esslöffel Buchstabennudeln
2 Teelöffel Olivenöl
Kräuter nach Belieben

Zubereitung:

1. Möhren und Kartoffeln schälen. Möhren in Scheiben, Kartoffeln in mundgerechte Stücke schneiden.

2. Ca. 200 Milliliter Wasser in einen Topf geben, aufkochen lassen und Gemüse zugeben. Ca. 7 Minuten zugedeckt kochen lassen.

3. Nudeln zugeben und unter gelegentlichem Rühren weich kochen. Nach Bedarf noch etwas Wasser zugießen. Olivenöl und Kräuter zugeben und servieren.

Garnierung für den Suppenmuffel

Schneiden Sie die Möhrenscheiben zu kleinen Blumen. So haben sogar „Suppenmuffel" gleich mehr Appetit. Die Suppe können Sie zusätzlich noch mit einem Esslöffel Tomatenmark oder Sahne verfeinern.

Kürbisbrötchen

Zubereitungszeit: ca. 35 Min. · **Für ca. 12 Stück:**

250 g Hokkaidokürbis
1 Ei
1 EL Butter
320 g Dinkelmehl
½ Pck. Backpulver
1 Prise Salz
etwas Milch zum Bepinseln
geschälte Kürbiskerne

Zubereitung:

1. Kürbis waschen, entkernen und in kleine Würfel schneiden. In einen Topf mit ca. 200 Milliliter Wasser geben, aufkochen lassen und bei geringer Hitze ca. 10–12 Minuten weich kochen. Kürbisfleisch pürieren und abkühlen lassen.

2. Backofen auf 180 °C (Umluft: 160 °C) vorheizen. Backblech mit Backpapier auslegen. Ei mit Butter schaumig schlagen. Mehl mit Backpulver und Salz vermischen und mit Ei-Butter-Mischung sowie Kürbispüree zu einem homogenen Teig verkneten. Teig zu Brötchen formen.

3. Teiglinge mit ausreichend Abstand auf das Backpapier legen und mit Milch einpinseln. Kürbiskerne darauflegen. Im vorgeheizten Backofen ca. 15 Minuten backen.

Omelett

Zubereitungszeit: ca. 15 Min. · **Für 1 Portion:**

½ Zwiebel
1 Tomate
½ TL Öl
2 Eier
2 TL Milch
etwas geriebener Käse
1 TL glatte Petersilie

Zubereitung:

1. Zwiebel schälen und fein hacken. Tomate waschen, vom Stielansatz befreien und in Scheiben schneiden. Öl in einer Pfanne erhitzen und Zwiebel darin andünsten.

2. Eier, Milch und Käse in einer Schüssel vermischen und über die Zwiebel gießen.

3. Eimasse stocken lassen, wenden und kurz von der anderen Seite braten. Omelette aus der Pfanne nehmen, mit Petersilie bestreuen und mit Tomatenscheiben servieren.

Leckere Variationen

Omelett lässt sich auf unterschiedlichste Weise variieren. Probieren Sie es doch einfach mal mit Gemüsesorten wie Paprika, Frühlingszwiebeln, Oliven oder Spinat. Auch milder Schafskäse oder Mozzarella, in Würfel geschnitten, passen hervorragend in ein Omelett.

Gemüseeintopf mit Schinken

Zubereitungszeit: ca. 20 Min. · **Für 1 Portion:**

2 Kartoffeln
1 kleine Möhre
2–3 Brokkoliröschen
2–3 Blumenkohlröschen
1 dicke Scheibe gekochter Schinken
Salz, 100 ml Milch
1 EL Mehl

Zubereitung:

Kartoffeln und Möhre schälen, waschen und klein schneiden. Brokkoli und Blumenkohl waschen und klein schneiden. Schinken würfeln. Gemüse in Salzwasser ca. 10 Minuten bissfest kochen und über einem Sieb abgießen. Milch und Mehl in einer Schüssel mit dem Schneebesen verrühren und in einen Topf geben. Gemüse und Schinken zugeben und bei geringer Hitze ca. 2 Minuten kochen. Servieren.

Chili con Carne

Zubereitungszeit: ca. 20 Min. · **Für 1–2 Portionen:**

1 Tomate
½ Paprikaschote
½ Zwiebel
1 Knoblauchzehe
1 Handvoll rote Bohnen
1 Handvoll Mais
1 gekochte Kartoffel
1 TL Öl
200 g Rinderhackfleisch

Zubereitung:

Tomate waschen, vom Stielansatz befreien und würfeln. Paprikaschote waschen, entkernen und würfeln. Zwiebel und Knoblauch schälen und fein hacken. Bohnen und Mais über einem Sieb waschen und abtropfen lassen. Kartoffel schälen und würfeln. Öl in einer Pfanne erhitzen und Zwiebel darin andünsten. Hackfleisch und Knoblauch zugeben und anbraten. Paprika zugeben und mitbraten. Tomate, Bohnen, Mais und Kartoffel zugeben und weitere ca. 5 Minuten garen. In eine Schüssel füllen und servieren.

Lachscrêpe

Zubereitungszeit: ca. 10 Min. · **Für 1–2 Portionen:**

50 g Vollkornmehl
1 Ei, 100 ml Milch
1 EL Butter
2 EL Frischkäse
1 EL fein gehackte Kräuter nach Belieben
2 Scheiben geräucherter Lachs
Holzspieße

Zubereitung:

Mehl, Ei und Milch zu einem dünnflüssigen Teig verrühren. Butter in einer Pfanne erhitzen und eine Schöpfkelle Teig hineingeben. Von beiden Seiten goldbraun backen. Crêpe mit Frischkäse bestreichen. Mit Kräutern bestreuen und Lachs darüberlegen. Crêpe aufrollen und in dicke Scheiben schneiden. Mit Holzspießen fixieren.

Weihnachtsplätzchen

Zubereitungszeit: ca. 25 Min. · **Für ca. 10–15 Stück:**

1 Banane, 230 g Mehl und etwas Mehl für die Arbeitsfläche

100 g zimmerwarme Butter

1 TL Reinweinstein Backpulver

Mark von ½ Vanilleschote

Zubereitung:

1. Backofen auf 175 °C (Umluft: 155 °C) vorheizen. Backblech mit Backpapier auslegen. Banane schälen und sehr fein pürieren. Mehl, Butter, Backpulver und Vanillemark in eine Schüssel geben und mit Bananenpüree zu einem geschmeidigen Teig verkneten.

2. Teig auf einer bemehlten Arbeitsfläche dünn ausrollen und mit Ausstechförmchen Plätzchen ausstechen. Plätzchen auf das Backpapier legen und im vorgeheizten Backofen ca. 13 Minuten backen.

Kochen fürs Kleinkind

Abwechslungsreich, nahrhaft und lecker sollten die Gerichte fürs Kleinkind sein. Eine ausgewogene Mischung von komplexen Kohlenhydraten, gesunden Fetten und mageren Proteinen holt das Beste aus jeder Mahlzeit hervor.

Fischstäbchen-Sandwich

Zubereitungszeit: ca. 25 Min. · **Für 2 Portionen:**

4 Fischstäbchen
100 g unbehandelte Salatgurke
1 Handvoll gemischter Salat
2 eingelegte Gurken
2 Dinkelbrötchen
2 TL Remoulade

Zubereitung:

1. Backofen auf 220 °C (Umluft: 200 °C) vorheizen. Backblech mit Backpapier belegen. Fischstäbchen unaufgetaut auf das Backblech legen und auf der oberen Schiene des vorgeheizten Backofens ca. 15–17 Minuten backen, dabei nach ca. 10 Minuten wenden.

2. Salatgurke waschen und in Scheiben schneiden. Salatmischung ebenfalls waschen und trocken schütteln. Eingelegte Gurken abtropfen lassen und halbieren.

3. Brötchen in zwei Hälften schneiden. Brötchenhälften mit Remoulade bestreichen. 2 Brötchenhälften mit eingelegter Gurke, Salatgurke, Salatmischung und jeweils 2 Fischstäbchen belegen. Restliche Brötchenhälften obenauf legen.

Würstchenspieße

Zubereitungszeit: ca. 40 Min. · **Für 6 Portionen:**

3 Maiskolben, Salz
12 Holzspieße
12 kleine orange Mini-Paprikaschoten
1 rote Paprikaschote
1 gelbe Paprikaschote
1 grüne Paprikaschote
6 Stangen grüner Spargel
12 Champignons
18 Rostbratwürstchen
2 EL Olivenöl
frisch gemahlener Pfeffer

Zubereitung:

1. Maiskolben waschen und in reichlich Salzwasser ca. 20 Minuten gar kochen. Herausnehmen, etwas abkühlen lassen und in ca. 2–3 Zentimeter lange Stücke schneiden. Holzspieße ca. 10 Minuten in warmem Wasser einweichen.

2. Mini-Paprikaschote waschen, halbieren und entkernen. Restliche Paprikaschoten waschen, entkernen und in mundgerechte Stücke schneiden. Vom Spargel holziges Ende abschneiden, Spargel waschen und unteres Drittel schälen. Stangen in kürzere Stücke schneiden. Champignons putzen und in Scheiben schneiden. Rostbratwürstchen ebenfalls in Scheiben schneiden.

3. 1 Esslöffel Öl in einer Pfanne erhitzen und Spargel darin bei mittlerer Hitze ca. 8–12 Minuten anbraten. Mit Salz und Pfeffer würzen. Restliches Gemüse und Rostbratwürstchen abwechselnd auf Holzspieße stecken. In einer zweiten Pfanne 1 Esslöffel Öl erhitzen und Würstchenspieße darin bei mittlerer Hitze ca. 8–10 Minuten von allen Seiten anbraten. Mit Salz und Pfeffer würzen und servieren.

Tomatennudeln mit Huhn

Zubereitungszeit: ca. 25 Min. · **Für 2 Portionen:**

180 g Penne
Salz
1 Zwiebel
1 Knoblauchzehe
350 g Hähnchenbrustfilet
frisch gemahlener Pfeffer, 2 EL Öl
1 gestrichener TL Zucker
1 Dose Pizzatomaten (à 400 g)
2 EL gemischte Kräuter
Kräuter zum Garnieren
30 g geriebener Hartkäse nach Belieben

Zubereitung:

1. Nudeln in reichlich kochendem Salzwasser nach Packungsanweisung al dente garen. Zwiebel und Knoblauch schälen und fein hacken. Hähnchenbrustfilet in Streifen schneiden und mit Salz und Pfeffer würzen.

2. Öl in einer Pfanne erhitzen und Filetstreifen darin ca. 3 Minuten anbraten. Zwiebel und Knoblauch zugeben und ca. 3 Minuten mitbraten. Zucker zugeben und schmelzen lassen. Pizzatomaten untermischen, umrühren und mit Salz und Pfeffer abschmecken. Bei geringer Hitze ca. 5–6 Minuten garen und gelegentlich umrühren. Kräuter untermischen.

3. Nudeln über einem Sieb abgießen, mit Hähnchen und Soße vermischen. Nach Belieben mit Käse bestreuen und mit Kräutern garniert servieren.

Nudelauflauf

Zubereitungszeit: ca. 35 Min. · **Für 2 Portionen:**

100 g Spiralnudeln, Salz
1 kleine Zwiebel
1 EL Öl und etwas Öl für die Form
1 TL Zucker
1 Dose stückige Tomaten
100 ml Hühnerbrühe
frisch gemahlener Pfeffer
100 g geriebener Käse (z. B. Gouda)
1 EL fein gehackte Kräuter

Zubereitung:

1. Nudeln in reichlich kochendem Salzwasser nach Packungsanweisung al dente garen. Über einem Sieb abgießen und abtropfen lassen.

2. Zwiebel schälen und fein hacken. Öl in einer Pfanne erhitzen und Zwiebel darin andünsten. Zucker zugeben und schmelzen lassen. Tomaten und Brühe zugeben und aufkochen lassen. Zugedeckt bei geringer Hitze ca. 10 Minuten köcheln lassen. Mit Salz und Pfeffer abschmecken. Backofen auf 220 °C (Umluft: 200 °C) vorheizen.

3. Auflaufform mit Öl ausstreichen und Nudeln einschichten. Mit Tomatensoße übergießen und mit geriebenem Käse bestreuen. Im vorgeheizten Backofen ca. 15 Minuten überbacken. Mit Kräutern bestreut servieren.

Tortellini mit Brokkoli

Zubereitungszeit: ca. 25 Min. · **Für 2 Portionen:**

275 g Brokkoli
200 g Sahne
200 ml Hühnerbrühe
50 g geriebener Käse
Salz, frisch gemahlener Pfeffer
250 g Tortellini
Basilikumblättchen zum Garnieren

Zubereitung:

Brokkoli waschen und in Röschen teilen. Sahne und Brühe in einem Topf aufkochen. Vom Herd nehmen und Käse unter Rühren zugeben. Mit Salz und Pfeffer abschmecken. Brokkoli in kochendem Salzwasser ca. 2 Minuten garen. Tortellini zugeben und ca. 5 Minuten mitgaren. Abgießen und abtropfen lassen. Brokkoli und Tortellini in die Käsesoße geben und mit Basilikum garniert servieren.

Würstchen im Schlafrock

Zubereitungszeit: ca. 35 Min. · **Für 4 Portionen:**

8 Wiener Würstchen *400 g TK-Blätterteig* *etwas Mehl*

Zubereitung:

Backofen auf 200 °C (Umluft: 180 °C) vorheizen. Backblech mit Backpapier auslegen. Würstchen im heißen Wasserbad erhitzen (nicht kochen!). Herausnehmen und abtropfen lassen. Blätterteig auf einer mit Mehl bestäubten Arbeitsfläche ausrollen und in 8 längliche Dreiecke schneiden. Auf jedes breite Ende eines Dreiecks 1 Würstchen legen und von der breiten Seite her zur Spitze hin fest aufrollen. Würstchen im Blätterteig auf das Backpapier legen und im vorgeheizten Backofen ca. 20 Minuten goldbraun backen. Mit Senf und Ketchup servieren.

Kartoffelsalat und Hackbällchen

Zubereitungszeit: ca. 1 Std. · **Für 4 Portionen:**

500 g vorwiegend festkochende Kartoffeln
Salz, 1 kleine Zwiebel
300 ml Gemüsebrühe
6 EL Gewürzgurkensud
1 TL mittelscharfer Senf
9 EL Öl
250 g gemischtes Hackfleisch
1 Ei, 6 EL Paniermehl
3 EL Ketchup
gehackte Petersilie nach Belieben
frisch gemahlener Pfeffer

Zubereitung:

1. Kartoffeln waschen und in ausreichend Salzwasser bei mittlerer Hitze ca. 20 Minuten garen. Zwiebel schälen und in Streifen schneiden. Gemüsebrühe erhitzen. Zwiebel, Gurkensud und Senf zugeben und verrühren. Mit Salz würzen.

2. Kartoffeln abgießen, kurz abkühlen lassen und noch warm pellen. In mundgerechte Stücke schneiden, vorsichtig in die Brühe geben und alles vermischen. Ca. 30 Minuten ziehen lassen. 5 Esslöffel Öl unter den Kartoffelsalat mischen.

3. Hackfleisch mit Ei, etwas Paniermehl, Ketchup und Petersilie vermischen. Mit Salz und Pfeffer würzen und zu Hackbällchen formen. Im restlichen Paniermehl wenden. Restliches Öl in einer Pfanne erhitzen und Hackbällchen von allen Seiten darin hellbraun anbraten. Bei mittlerer Hitze ca. 10–15 Minuten weiterbraten. Kartoffelsalat mit Salz und Pfeffer nachwürzen und zu den Hackbällchen servieren.

Kartoffel-Zucchini-Auflauf

Zubereitungszeit: ca. 45 Min. · **Für 2 Portionen:**

450 g Zucchini
400 g gekochte Pellkartoffeln
1 Zwiebel
1 Knoblauchzehe
3 TL Butter und etwas Butter für die Form
Salz
frisch gemahlener Pfeffer
300 ml Milch
250 g Sahne
etwas frisch geriebener Muskat
4 EL geriebener Käse

Zubereitung:

1. Zucchini waschen und in Scheiben schneiden. Kartoffeln pellen und ebenfalls in Scheiben schneiden. Zwiebel und Knoblauch schälen und fein hacken.

2. Eine Auflaufform mit Butter ausstreichen. Zucchini und Kartoffeln dachziegelartig in die Auflaufform schichten. Mit Salz und Pfeffer würzen. Backofen auf 200 °C (Umluft: 180 °C) vorheizen.

3. Butter in einem Topf erhitzen und darin Zwiebel und Knoblauch andünsten. Milch und Sahne zugießen und aufkochen lassen. Mit Salz, Pfeffer und Muskat würzen.

4. Sahnemischung über das Gemüse gießen und alles mit Käse bestreuen. Im vorgeheizten Backofen ca. 20–25 Minuten goldbraun überbacken.

Piratenspieße

Zubereitungszeit: ca. 20 Min. · **Für 3 Portionen:**

250 g Hähnchenbrustfilet
Holzspieße
3 EL Senf, 2 EL Honig
½ Bund Petersilie, Salz
frisch gemahlener Pfeffer, 2 EL Öl

Zubereitung:

Hähnchenbrustfilet waschen und mit Küchenkrepp trocken tupfen. Filet in mundgerechte Stücke schneiden und auf Holzspieße stecken. Petersilie waschen, trocken schütteln und fein hacken. Senf, Honig und Petersilie verrühren und mit Salz und Pfeffer würzen. Piratenspieße von allen Seiten damit bestreichen. Öl in einer Pfanne erhitzen und Piratenspieße darin von allen Seiten ca. 3–4 Minuten anbraten. Mit einem Dip nach Wahl servieren.

Schokoladenpudding

Zubereitungszeit: ca. 10 Min. (+ ca. 4 Std. Kühlzeit)

Für 4 Portionen:

50 g Schokolade
500 ml Milch
1 EL Kakao
1–2 EL Zucker
35 g Speisestärke
Sahne
1 Handvoll gemischte Früchte
Minze zum Garnieren

Zubereitung:

Schokolade grob hacken. Die Hälfte der Milch in einen Topf geben und aufkochen lassen. Schokolade darin schmelzen lassen. Kakao, Zucker und Stärke vermischen und mit der restlichen Milch glatt rühren. Kakaomischung in die heiße Milch geben und ca. 1 Minute kochen lassen. Pudding in Schälchen füllen und im Kühlschrank ca. 4 Stunden kalt stellen. Früchte waschen und trocken tupfen. Pudding mit geschlagener Sahne, frischen Früchten und Minze garniert servieren.

Himbeertraum

Zubereitungszeit: ca. 15 Min. (+ ca. 3 Std. Kühlzeit)

Für 6 Portionen:

500 g Mascarpone
250 g Quark, 2 EL Milch
2 Pck. Vanillezucker
200 g Baiserkekse
500 g TK-Himbeeren
Minze zum Garnieren

Zubereitung:

Mascarpone, Quark, Milch und Vanillezucker verrühren. Baiser teilweise in kleine Stücke brechen, restliche Baisers für die Dekoration beiseitestellen. Himbeeren gut abtropfen lassen. Mascarponecreme und Baiserstückchen in Gläser füllen und mit einer Schicht Himbeeren abschließen. Im Kühlschrank ca. 3 Stunden kalt stellen. Dessert mit restlichen Baisers und Minze garniert servieren.

Kaiserschmarren

Zubereitungszeit: ca. 20 Min. · **Für 2 Portionen:**

2 Eier
2 EL Vanillezucker
1 Prise Salz
250 ml Milch
150 g Mehl
1 EL Puderzucker und
etwas Puderzucker
zum Bestäuben
20 g Butter

Zubereitung:

Eier trennen. Eigelbe, Vanillezucker und Salz in eine Schüssel geben und schaumig schlagen. Milch zufügen und nach und nach Mehl unterrühren. Eiweiße mit Puderzucker steif schlagen und unter den Teig heben. Butter in einer Pfanne erhitzen. Teig hineingießen und einige Minuten backen, bis die Unterseite etwas gebräunt ist. Wenden und die andere Seite ebenfalls goldbraun braten. Mit zwei Gabeln in Stücke teilen. Kaiserschmarren auf Tellern anrichten und mit Puderzucker bestäuben. Dazu passt Zwetschgenkompott oder Apfelmus.

Schokohörnchen

Zubereitungszeit: ca. 40 Min. · **Für 12 Stück:**

125 g Magerquark
5 EL Milch
5 EL Öl
60 g Zucker
1 Prise Salz
200 g Mehl und etwas Mehl für die Arbeitsfläche
2 TL Backpulver
6 EL gehackte Zartbitterschokolade
1 Eigelb
etwas Puderzucker zum Bestäuben

Zubereitung:

1. Quark in eine Schüssel geben und mit Milch, Öl, Zucker und Salz verrühren. Mehl und Backpulver darübersieben und 3 Esslöffel Schokolade zugeben. Mit den Knethaken des Handrührgeräts zu einem glatten Teig verkneten.

2. Backofen auf 180 °C (Umluft: 160 °C) vorheizen. Backblech mit Backpapier auslegen. Teig auf einer bemehlten Arbeitsfläche zu einem ca. 3 Millimeter dicken Rechteck (ca. 40 cm x 25 cm) ausrollen. Ränder mit einem scharfen Messer begradigen. Aus dem Teig 6 Rechtecke schneiden und diese jeweils diagonal halbieren. Jedes Teigstück von der breiten Seite her zu einem Hörnchen aufrollen und aufs Backpapier legen.

3. Eigelb mit 1 Esslöffel Wasser verschlagen und Hörnchen damit bestreichen. Im vorgeheizten Backofen ca. 25 Minuten goldbraun backen. Schokohörnchen auskühlen lassen. Restliche Schokolade im Wasserbad schmelzen lassen. In einen Gefrierbeutel füllen, eine kleine Ecke abschneiden und Schokohörnchen mit der Schokolade verzieren. Mit Puderzucker bestäuben.

Kirsch-Quark-Auflauf

Zubereitungszeit: ca. 50 Min. · **Für 4 Portionen:**

1 Glas Sauerkirschen
Butter für die Form
500 g Quark
3 Eier, 125 g Butter und
125 g Zucker, 30 g Grieß
30 g gemahlene Mandeln

Zubereitung:

Backofen auf 200 °C (Umluft: 180 °C) vorheizen. Sauerkirschen abtropfen lassen. Eier trennen. Eigelbe, Butter und Zucker in eine Schüssel geben und schaumig schlagen. Restliche Zutaten zugeben und alles gut verrühren. Eiweiße steif schlagen und unter den Teig heben. Auflaufform mit Butter ausstreichen. Die meisten Kirschen in die Form schichten, Quarkmasse darauf verteilen und restliche Kirschen daraufgeben. Auflauf im Backofen ca. 35–40 Minuten backen.

Apfelkücherl

Zubereitungszeit: ca. 25 Min. · **Für ca. 8 Stück:**

3 EL Mehl	*1 Prise Salz, 1 Ei*	*40 g Butterschmalz*
1 Pck. Vanillezucker	*80 ml Milch, 1 Apfel*	*2 EL Zucker, 1 TL Zimt*

Zubereitung:

Mehl, Vanillezucker und Salz in eine Schüssel geben. Ei und Milch zufügen und alles zu einem glatten Teig verrühren. Apfel waschen, halbieren, Kerngehäuse entfernen und Fruchtfleisch sehr klein würfeln. Apfelstücke unter den Teig heben. Butterschmalz in einer Pfanne erhitzen und jeweils 1 Esslöffel Teig hineingeben. Von beiden Seiten bei mittlerer Hitze goldbraun backen. Nach Belieben Apfelkücherl vor dem Servieren mit der Zucker-Zimt-Mischung bestäuben. Dazu schmeckt sehr gut Vanilleeis.

Register

Register A–Z

Rezeptregister

Impressum

Erfahren Sie mehr!

Benzstraße 56, D-71272 Renningen

www.garant-verlag.de
ISBN 978-3-7359-0227-6

Komplettproducing: twinbooks, München (Melanie Goldmann)
Texte: Linda Freutel, Jana Lösch, Gesa Scheziat, Eva Hutter